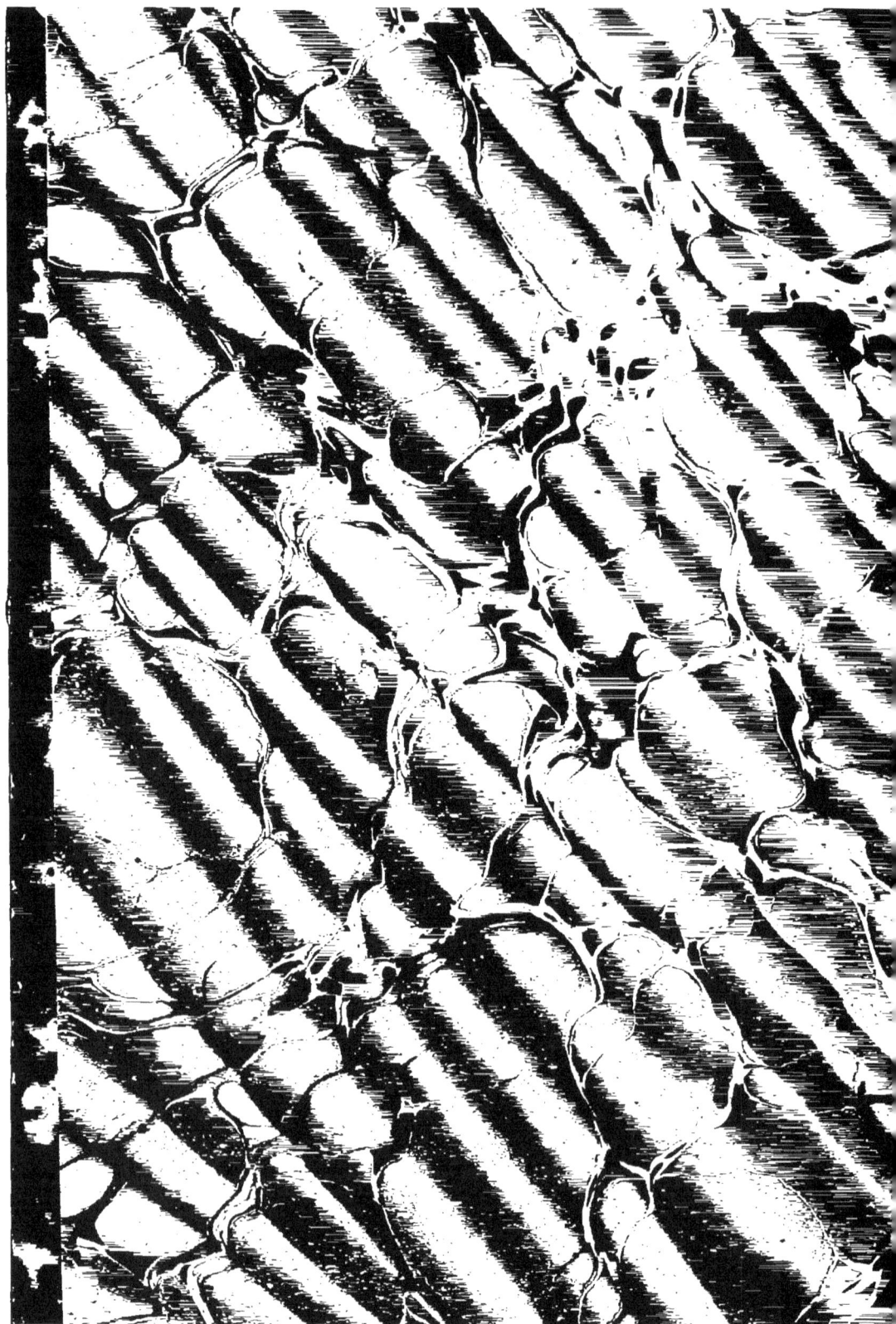

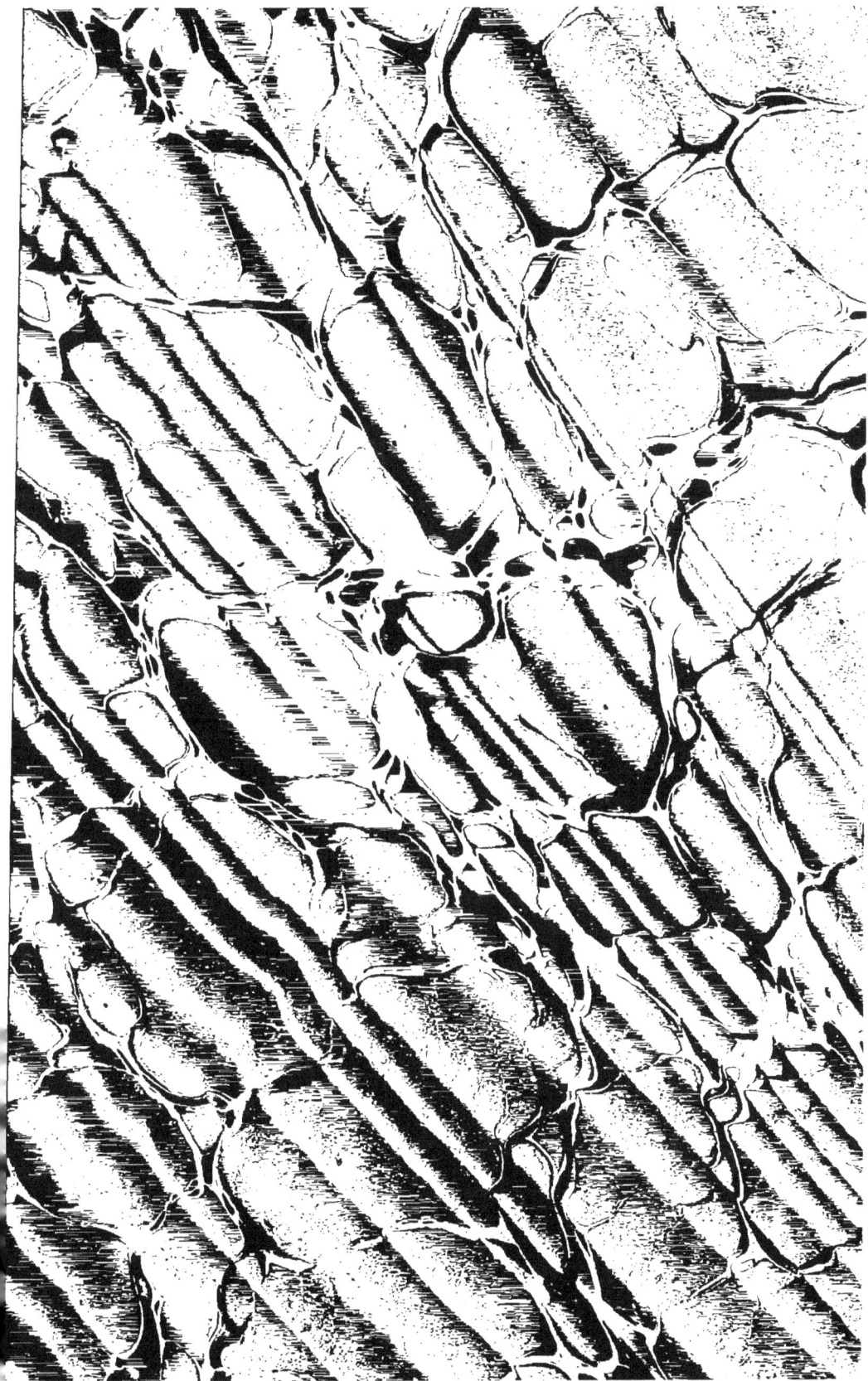

F

C.

Nº. 37.

INSTRUCTIONS

DÉCADAIRES

Sur l'Enregistrement, les Droits y réunis, et les Domaines nationaux,

RÉDIGÉES par une Société d'Employés de la Régie de l'Enregistrement et du Domaine national.

Le Bureau d'abonnement est, à Paris, rue Projettée-Choiseul, nº. 1. Prix, 18 fr. pour un an, 10 fr. pour six mois, et 6 fr. pour trois mois, franc de port par la poste ; et pour la copie du Bulletin des lois, 1 franc 50 centimes par trimestre, pour les abonnés aux Instructions décadaires, et 3 fr. pour les autres.

OBSERVATIONS

Des RÉDACTEURS, sur le plan et l'objet de leur Feuille.

Une année s'est écoulée depuis que le 1.er numéro de cette feuille a paru. Le succès de notre établissement, les encouragemens que nous avons reçus, la satisfaction de compter parmi nos souscripteurs les régisseurs de l'enregistrement, la plus grande partie des directeurs dans les départemens et des employés de la correspondance, un grand nombre d'employés supérieurs et beaucoup de notaires tant de Paris que des départemens, nous engagent à redoubler de zèle pour rendre notre journal plus utile encore.

Notre but est moins de nous procurer un bénéfice pécuniaire, absorbé jusqu'ici par les frais, que de contribuer à établir l'uniformité et la régularité des perceptions, de faciliter le travail des receveurs, les recherches et vérifi ations des employés supérieurs, en résolvant les difficultés qui peuvent arrêter leur marche ; enfin, de seconder les efforts des régisseurs, et d'entrer dans leurs vues pour l'amélioration de toutes les parties de cette administration. Notre feuille est destinée à transmettre les solutions données par les régisseurs sur les différentes questions qui se sont présentées, les décisions du ministre des finances, les jugemens du tribunal de cassation et une partie de ceux émanés des tribunaux civils. Nous nous permettrons quelquefois de donner notre opinion particulière sur des questions ; mais ce ne sera qu'après une discussion p éalable, faite entre nous ; et s'il nous arrive de nous tromper, l'erreur sera rectifiée par un nouvel article, aussitôt que nous l'aurons reconnue ; enfin, placés près de la régie et des premières autorités de la république, nous ferons connaître les changemens qui surviendront dans la législation des contributions indirectes ou des domaines nationaux.

Nos feuilles ne seront pas moins utiles aux notaires et aux greffiers qu'aux préposés de la Régie. Il est important pour ces officiers publics, qui sont un intermédiaire entre les redevables et les percepteurs, de connaître quels droits doivent résulter de telle ou telle disposition. Cette vérité n'a besoin que d'être énoncée. Aussi devons-nous espérer que, lorsque notre feuille sera plus connue de ces fonctionnaires, nous compterons parmi eux un plus grand nombre de souscripteurs. Nous ne négligerons pas d'insérer les nouvelles lois relatives à l'organisation du notariat ou de greffe, et les autres qui pourraient les intéresser.

Nos efforts ne seront pas au dessous de nos moyens. Une réunion d'employés qui, par la nature de leurs

fonctions , ont nécessairement la connaissance de toutes
les décisions du ministre , des solutions données par les
régisseurs , des jugemens qui interviennent relativement
aux perceptions , peut sans doute présenter un travail
plus utile qu'une autre réunion d'employés qui, par
leur position , ne peuvent avoir les mêmes avantages.
Enfin , nous trouvons des secours dans plusieurs régisseurs qui veulent bien revoir les articles de ces instructions qui présentent des difficultés. L'expérience d'une
année , les connaissances et la facilité que nous avons
acquises , nous répondent que nos feuilles seront de
plus en plus intéressantes ; elles embrasseront aussi un
plus grand nombre d'objets. Indépendamment des matières que nous avons traitées , nous nous occuperons
de la comptabilité des receveurs , des inspecteurs et des
directeurs , et nous insérerons au moins un article sur
cet objet important , avant l'époque de l'ouverture de
la tournée.

Nous donnerons une analyse succincte des rapports
imprimés sur les projets de lois concernant les domaines nationaux et les forêts.

Nous ferons connaître les nominations aux principaux emplois.

Les directeurs qui auraient besoin de premier commis ; ceux des préposés ou surnuméraires qui desireraient être placés dans le bureau d'une direction , peuvent nous adresser leurs demandes avec l'indication des
arrangemens qu'ils proposent. Nous les inscrirons dans
nos feuilles , et leur faciliterons , par notre correspondance particulière , les moyens d'arriver à leur but.

Nous avons donné , après les six mois de notre établissement , la table alphabétique des matières , contenues dans les 18 premiers numéros de nos feuilles.
Nous ferons incessamment l'envoi de la table des six
mois suivans , qui forment le complément de l'année.

Le prix de la souscription continue , malgré l'augmentation du droit de timbre et de tous les autres
frais, d'être de 18 fr. pour l'année, de 10 francs
pour six mois, et de 6 fr. pour trois mois. Les personnes qui desireront s'abonner, sont priées de nous

faire passer les fonds francs de port, à moins que le directeur de leur département, ou notre dépositaire, ne consente à s'en charger.

Pour satisfaire aux demandes qui nous ont été adressées, nous nous sommes décidés à faire réimprimer les 36 numéros qui composent la première année de notre feuille : cette collection, contenant 290 solutions ou décisions, formera deux volumes, dont chacun sera suivi d'une table alphabétique. Le prix sera de douze francs. Cependant les personnes qui s'abonneront pour la seconde année, ne la paieront que 8 fr.

Nos ouvrages sur l'enregistrement, sur le timbre, cartes et papiers musique, sur les patentes ; droits de garantie et de voitures publiques, et sur les domaines engagés, ont déjà paru. Nous n'avions annoncé qu'une courte instruction sur les différens objets, et nous avons donné, sans augmentation de prix, des ouvrages complets. L'émission des autres a été retardée. Il est essentiel de mûrir ses idées pour présenter sur des matières aussi importantes, et dont quelques-unes, telles que les hypothèques, ne font que d'être mises en activité, un travail intéressant et solide.

Il est utile d'attendre la refonte des lois trop nombreuses qui concernent la régie et la recette des domaines.

Nous avons promis ces ouvrages, nous remplirons nos engagemens ; nos souscripteurs les recevront au prix porté dans notre prospectus ; *mais à compter de ce jour, les souscriptions pour ces ouvrages ne seront point admises.*

Nous avons annoncé, dans notre n°. 35, que nous allions faire imprimer le mémoire pour la tournée de recouvrement du mois de nivose prochain, concernant l'analyse de toutes les circulaires de la Régie, à compter du 17 fructidor an 7, jusqu'au 15 frimaire an 8, suivie d'une table chronologique. Le prix est de 1 fr. 25 centimes.

Presque tous les directeurs dans les départemens, ont bien voulu recevoir en dépôt une certaine quantité d'exemplaires de nos ouvrages. Le personnes qui desireraient se procurer soit le dictionnaire sur l'enregistrement, soit l'ouvrage sur le timbre, soit celui sur les patentes, ou enfin celui sur les domaines engagés, peuvent envoyer l'argent au directeur ou à son premier commis qui leur fera passer les exemplaires.

Les lois étant toujours les mêmes sur ces différens objets, tous ces ouvrages sont toujours utiles.

Enfin, nous faisons imprimer, sous le titre de Recueil des Lois, la copie littérale et entière du Bulletin, dans le même format que le Bulletin officiel et avec la même série de numéros. Ce Recueil fait suite à la collection des lois qui a paru jusqu'au 1.er vendémiaire. Le prix est de 12 fr. par année, et 3 fr. par trimestre, mais à l'égard de nos abonnés, le prix sera de la moitié de ceux ci-dessus. Nous croyons devoir cette réduction à la confiance qu'ils nous témoignent. Les deux abonnemens réunis coûtent moins que l'abonnement au seul Bulletin des lois.

La table alphabétique des matières sera faite et envoyée tous les six mois.

Les rédacteurs des Instructions décadaires et des autres ouvrages émis par la même société sont, les citoyens :

Employés de la correspond.

Lacoste, fils, directeur, division de Montpellier.
Berger, sous-directeur, division de Bordeaux.
Fouant, secrétaire de l'assemblée de la Régie.
Pietrot, premier commis au bureau central, section des instructions.

Segond, Aigoin, Duportail, premiers commis des divisions de Strasbourg, Rouen et Nantes.

Ginoux, Venelle, inspecteurs dans la division de Paris.

Rippert, receveur de l'enregistrement, à Paris.

Les lettres pour les éditeurs doivent être adressées, franc de port, au bureau des Instructions décadaires, rue Projettée-Choiseul, n.º 1.er, autrement elles resteraient à la poste.

(6)

A r t. 291.

ENREGISTREMENT.

Jugemens rendus sur conventions verbales.

Quels droits d'enregistrement opère un jugement rendu sur une convention verbale ? — Lorsqu'un jugement de cette nature n'a pas été enregistré dans les 20 jours de sa date, le double droit est-il exigible sur la totalité des perceptions auxquelles il donne lieu ?

Il n'est pas de question qui ait fait naître plus d'opinions différentes. Une décision du ministre des finances vient de fixer le véritable sens des dispositions de la loi du 22 frimaire an 7, relatives à ces questions.

Il s'agissait de savoir quels étaient les droits d'enregistrement à percevoir sur un jugement rendu le 22 messidor an 7, par lequel un particulier a été condamné à payer une somme de 8,367 fr. *restant due de celle de* 27,640 fr. qui formait le prix des marchandises livrées *sur facture et sans acte.*

Suivant l'art. 7 de la loi, ce jugement devait être enregistré sur la minute, et d'après l'art. 20, il devait l'être dans le délai de 20 jours : il n'a été présenté à la formalité qu'après ce délai.

Le receveur a pensé qu'il était dû trois droits, l'un comme vente de marchandises sur 27,640 fr., l'autre, comme quittance, sur 19,273 fr., et le troisième, comme condamnation, sur 8,367 fr. ; en outre, un double droit égal au montant de ces trois perceptions.

La solution de la difficulté que cette liquidation présentait, dépendait principalement de la véritable interprétation à donner à la dernière partie du n.° 9, paragraphe 2, art. 68 de la loi du 22 frimaire, conçue en ces termes : « Lorsqu'une condamnation sera rendue » sur une demande non établie sur un titre enregistré, » et susceptible de l'être, le droit auquel l'objet de la

» demande aurait donné lieu , s'il avait été convenu par
» acte public , sera perçu indépendamment du d o t dû
» pour l'acte ou le jugement qui aura prononcé la
» condamnation. »

Par une première décision , le ministre des finances
avait ainsi déterminé le sens de cet article. Il faut distinguer , a-t-il dit , les conventions qui doivent être
enregistrées dans un délai , comme celles transmissibles de propriété ou de jouissance d'immeubles , des
conventions pour prêt sans titre , pour façon d'ouvrages
et fournitures sans mémoires arrêtés. Dans le premier
cas , le droit est exigible sans difficulté sur l'intégrité
des sommes portées en la convention ; mais dans le
second : il ne doit être perçu que sur *la somme restant due* , attendu que ce n'est que pour cette somme
que le jugement portant condamnation tient lieu de
titre obligatoire.

Dans l'une et l'autre espèce , il doit en outre être perçu
un droit de 50 cent. par 00 francs , sur le montant
de la condamnation.

Mais il restait à savoir si le double droit était exigible sur les deux perceptions , ou seulement sur celle
résultant de la condamnation.

Les opinions étaient encore divisées ; les uns soutenaient que , lorsqu'il s'agit d'une vente de meubles ou
d'une obligation , la convention n'etant point passible
du double droit , elle ne pouvait le devenir par la
raison seule que le jugement n'avait pas été enregistré
dans le délai.

D'autres opposaient à cette opinion les dispositions
de la loi , et notamment de l'article 35 , qui porte ,
sans distinction , que pour le défaut d'enregistrement
dans le délai , les greffiers paieront à titre d'amende ,
et pour chaque contravention , *une somme égale au
montant du droit* Ils ajoutaient que tou les droits etant
dûs sur la minute du jugement , le double droit ou le droit
en sus était nécessairement d'une somme égale au montant de la perception entière ; que c'était la peine pour
le défaut d'enregistrement dans le délai , et que l'on ne
pouvait invoquer la nature de la convention pour sou-

tenir que le double droit n'était dû que sur une partie de la perception.

Le ministre a décidé, le 6 brumaire an 8, conformément à cette dernière opinion ; il a maintenu en même-tems sa précédente décision, et a déclaré qu'il ne pouvait y avoir lieu à la perception d'un droit de quittance sur les sommes dont le demandeur ne réclamait pas le paiement.

En appliquant cette décision à l'espèce proposée, il doit être perçu, 1.°, à raison de 2 fr. pour 100 fr. sur 8,367 fr., comme vente de meubles, suivant le n.° 1.er parag. 5 de l'art. 69, ci. . . . . 167 f. 34 c.

2.° A raison de 50 centimes par 100 fr. sur la même somme, suivant le n.° 9, parag. 2 du même article, ci. . . . . . 41 . . . 84

Droit principal . . . 209 . . 18

Double droit pour défaut d'enregistrement dans le délai, ci. . . . . 209 . . 18

Total. . . . . 418 . . 36

ART. 292.

QUESTIONS proposées par un juge de paix au ministre des finances :

PREMIÈRE QUESTION.

Quel est le droit d'enregistrement exigible pour des exploits qui énoncent des conventions verbales ?

II.e

Combien est-il dû de droits pour la notification d'une cédule à deux experts, au tiers expert et au défendeur ?

III.ᵉ

Doit-on exiger deux droits pour un acte d'é-
mancipation, dont l'un pour la nomination de cu-
rateur qui y est renfermée.

Le ministre a répondu, le 16 brumaire an 8.

Sur la première question : « Qu'il n'est dû,
pour tous les exploits en général que le droit fixe,
tel que le règle l'art. 68 de la loi du 22 frimaire
an 7, sauf, dans le cas d'indication de conventions verbales, pour cession de propriété,
usufruit ou jouissance d'immeubles, à conserver
copie de l'exploit, certifiée par l'huissier ou
collationnée par un officier public, à l'effet de
former la demande des droits proportionnels
résultans de ces conventions. (On doit répéter,
en même-tems, le double droit si les délais, à
compter dès l'époque des conventions, sont
expirés.) »

Sur la seconde : « Qu'il n'est dû que deux
droits, l'un pour la notification aux experts, *en*
quelque nombre qu'ils soient, et l'autre pour celle
au défendeur, conformément au n.º 3o, § 1.ᵉʳ
de l'art. 68 de la loi précitée. »

Sur la troisième : « Qu'on ne doit percevoir
que le droit de l'émancipation faite avec nomination de curateur, cette dernière disposition
dérivant nécessairement de la première, *lorsque*
toutes deux sont contenues au même acte. »

ART. 293.

TIMBRE.

Les secrétaires des administrations, et les percepteurs des contributions sont-ils tenus d'écrire sur papier timbré les extraits de rôles qu'ils délivrent aux citoyens ? Dans le cas de l'affirmative, sont-ils astreints à se servir de papier à 75 centimes la feuille ?

D'après l'art. 16 de la loi du 13 brumaire an 7, tous actes et écritures, extraits, copies et expéditions, soit publics, soit privés, devant ou pouvant faire titre ou être produits, pour obligation, décharge, justification, demande ou défense, sont assujétis au timbre. — Or, les extraits des rôles peuvent faire titre ou être produits pour obtenir des décharges de contribution, ou pour d'autres motifs. Ils ne sont pas compris dans le titre des exceptions ; dès-lors ils restent assujétis au timbre.

A l'égard de la deuxième question, l'art 19 de la loi, oblige les secrétaires des administrations à employer du papier moyen du prix de 75 centimes, pour les expéditions qu'ils délivrent des actes retenus en minute. Cette obligation n'est point imposée aux percepteurs.

Ainsi, les extraits de rôles délivrés par les secrétaires des administrations doivent être sur papier du timbre de 75 centimes, et ceux délivrés par les percepteurs, peuvent être écrits sur papier de 25 centimes ou de toute autre dimension.

(Solution de la Régie, du 19 brumaire an 8.)

A R T. 294.

Les registres tenus par les receveurs des hospices civils, pour les recettes et dépenses, doivent être en papier timbré. Les autres registres et les actes relatifs à leur administration intérieure, sont exempts du timbre.

C'est ce qui résulte des dispositions de la loi du 13 brumaire an 7, relatives aux établissemens publics. En effet, l'art. 12, du titre 2 assujétit à la formalité du timbre les registres des receveurs des droits et des revenus des communes et *des établissemens publics*, et l'article 16 du titre 3, en dispense les minutes de tous les actes, arrêtés, décisions et délibérations de l'administration publique en général et de tous les établissemens publics, dans tous les cas où aucun de ces actes n'est sujet à l'enregistrement sur la minute, ainsi que les *registres tenus pour ordre et administration générale.*

(Déc. du ministre, du 16 vendémiaire an 8.)

A R T. 295.

HYPOTHÈQUES.

SERMENS DES EMPLOYÉS.

Les tribunaux civils ne peuvent admettre au serment, d'après la loi du 21 ventôse an 7, sur le régime hypothécaire, que les personnes commissionnées par la Régie de l'enregistrement.

(Décision du ministre des finances, du 24 fructidor an 7).

ART. 296.

AMENDES.

Des poursuites pour le recouvrement des amendes de police correctionnelle.

Voici ce qui se pratiquait en 1789 pour le recouvrement des amendes. Les greffiers des tribunaux remettaient aux préposés de l'administration des domaines les extraits des jugemens portant condamnation d'amendes, et recevaient une rétribution de 2 sols 6 deniers par extrait, indépendamment du prix du papier timbré qui leur était remboursé. Les préposés de l'administration des domaines décernaient une contrainte, elle était signifiée au condamné, et dans le cas de non paiement, on y donnait suite par la voie de contrainte, par corps.

L'ordonnance de 1669 sur les forêts, porte tit. 32, art. 18, que les condamnés seront contraints au paiement des amendes par toutes voies, même par emprisonnement de leurs personnes. Il y avait pour le recouvrement des amendes de cette nature des collecteurs dans chaque ci-devant maîtrise. Ceux-ci ne pouvaient faire emprisonner les délinquans domiciliés qu'après les avoir discutés dans leurs meubles et biens. A l'égard des non domiciliés, l'emprisonnement avait lieu d'après une contrainte décernée par les collecteurs et visée par les procureurs du ci-devant roi, dans les maîtrises, conformément à l'article 6 de la déclaration du 24 octobre 1670.

L'article 19 de la loi du 19 décembre 1790, et la section 4, n°. 6 de l'article 1er. de l'arrêté du comité des finances de la convention nationale, du 4 brumaire an 4, pris en vertu du décret du même jour, ont chargé la régie de l'enregistrement du recouvrement des amendes de toute nature, et des peines pécuniaires prononcées par jugement.

Aucune loi depuis cette époque n'a déterminé le mode de poursuites à suivre pour le recouvrement de ces amendes. Ainsi les anciennes loix restaient en vigueur, mais elles étaient tombées en désuétude. Il fallait en rappeler l'exécution.

Par un arrêté rendu à cet effet, le 1er. nivôse an 5, le directoire exécutif a enjoint à ses commissaires près les tribunaux de remettre, dans les trois jours, au receveur de l'enregistrement de l'arrondissement, un extrait des jugemens portant peine d'amende et de confiscation et à ces receveurs de faire sur-le champ les diligences nécessaires pour opérer le recouvrement des condamnations prononcées.

Le ministre de la justice a ensuite tracé, dans une lettre adressée le 8 prairial an 5, aux commissaires du directoire exécutif près les tribunaux, la marche à suivre pour assurer ce recouvrement. Après avoir cité toutes les lois qui établissent que les délinquans, en cas de non paiement des amendes prononcées contre eux, doivent y être contraints par voie d'emprisonnement ; il s'exprime ainsi : « Lorsque le condamné refuse de » satisfaire aux condamnations qu'il a encourues, » vous pouvez, vous devez même l'y contraindre par » voie d'emprisonnement, sans que le tribunal ait » besoin de prendre à cet égard une nouvelle décision ».

Ces instructions étaient précises, cependant elles n'ont pas été bien suivies. Dans quelques départemens les préposés de la Régie avaient cru que c'était à eux à faire exécuter les emprisonnemens, à défaut de paiement d'amende. En conséquence, après avoir fait signifier la contrainte, commandement, itératif commandement, suivi du procès-verbal de carence, obtenaient du commissaire du directoire exécutif un réquisitoire pour faire mettre à la disposition d'un huissier, une force armée, à l'effet de faire arrêter et conduire les condamnés dans la maison de détention.

Cette forme n'était pas régulière, en effet, si les lois qui ont attribué à la Régie le recouvrement des amendes sont muettes sur les poursuites ; l'article 190 du code des délits et des peines, veut que les jugemens des tribunaux de police correctionnelle soient exécutés *à la diligence du commissaire du pouvoir exécutif.* C'est donc ce commissaire qui doit faire signifier ces jugemens. A la vérité les poursuites pour le paiement des amendes qu'ils prononcent doivent être faites par les préposés de la Régie, en son nom, mais elles ne commencent qu'après la signification du jugement. Quant à la contrainte par corps, elle ne peut être exercée que d'après un ordre d'une autorité légale ; or, les préposés de la Régie n'exercent aucune juridiction. Les commissaires du directoire exécutif sont au contraire des magistrats chargés d'assurer l'exécution des jugemens et des lois. C'est donc à eux à requérir et à ordonner l'exercice de la contrainte par corps, dans le cas où elle doit avoir lieu ; et d'après l'article 3 du titre 3 de la loi du 15 germinal an 4, sur la contrainte par corps, l'emprisonnement doit être précédé de la notification au contraignable du jugement prononcé contre lui. Ainsi, la contrainte par corps, même en cas de non paiement d'amende, ne peut être autorisée qu'après la signification du jugement qui l'a prononcée, et c'est au commissaire du directoire exécutif à faire constituer prisonniers les condamnés.

D'après ces principes, la Régie a décidé le 4 brumaire dernier ;

1°. Que les jugemens de condamnations à une amende devaient, conformément à l'instruction du ministre de la justice et aux lois précitées, être signifiés aux condamnés, à la diligence du commissaire du directoire exécutif près le tribunal qui a prononcé l'amende.

2°. Que sur la remise de l'extrait de ces jugemens, le receveur devait faire faire un commandement et les poursuites ultérieures.

3°. Que lorsqu'il y a lieu d'exercer la contrainte par corps, elle ne peut être requise et ordonnée, d'après le certificat de non payement de l'amende, délivré par le receveur de l'enregistrement ou des domaines, que par le commissaire du directoire exécutif.

ART. 297.

DOMAINES ENGAGÉS.

Aliénations dans les duchés de Lorraine et de Bar.

L'article 2 de la loi du 14 ventôse an 7, porte : « En ce qui concerne les pays réunis » postérieurement à la publication de l'édit de » février 1566, les aliénations de domaines, » faites avant les époques respectives des réu- » nions, seront régiées suivant les lois lors en » usage dans les pays réunis, ou suivant les » traités de paix ou de réunion. »

Appliquant ces dispositions à l'aliénation faite dans la Lorraine, nous avons établi, p. 103 de notre ouvrage sur les domaines engagés, que d'après les lois en vigueur long-tems avant la réunion de cette province à la France, le principe de l'inaliénabilité était consacré dans les duchés de Lorraine et de Bar, et qu'au vœu de la dernière ordonnance du duc François III, qui, en vertu du traité de Vienne, avait fait, le 13 décembre 1736, cession, *en toute souve- raineté*, de ses états à la France, toutes les aliénations postérieures à l'année 1697, devaient être révoquées. Le ministre des finances a con- firmé cet avis par la décision du 4 brumaire an 8. Elle est ainsi conçue :

« La loi du 14 ventôse an 7 doit avoir son » exécution dans les ci-devant duchés de Lor- » raine et de Bar pour toutes les aliénations

» antérieures au 1.er janvier 1698 , faites avec
» clause de retour ou réserve de rachat , et pour
» toutes celles postérieures à cette époque in-
» distinctement , sauf les exceptions prononcées
» par cette loi. En conséquence , la Régie de
» l'enregistrement est autorisée à faire suivre
» la dépossession de détenteurs des domaines
» engagés ou accensés, qui ne sont dans au-
» cun des cas d'exception , et qui n'ont pas
» fait les déclarations et soumissions prescrites
» par ladite loi. »

NOUVELLES.

Les commissions des conseils viennent de rapporter
la loi du 27 messidor dernier , concernant l'emprunt
forcé progressif. On a lieu de croire que celle du 1.er
thermidor , qui établit une taxe progressive sur les
traitemens des fonctionnaires et employés , sera également rapportée. Les motifs de rapport sont absolument les mêmes.

N°. 38.

INSTRUCTIONS

DECADAIRES

Sur l'Enregistrement, les Droits y réunis, et les Domaines nationaux,

RÉDIGÉES par une Société d'Employés de la Régie de l'"Enregistrement et du Domaine national.

Le Bureau d'abonnement est, à Paris, rue Projettée-Choiseul, n°. 1. Prix, 18 fr. pour un an, 10 fr. pour six mois, et 6 fr. pour trois mois, franc de port par la poste ; et pour la copie du Bulletin des lois, 1 franc 50 centimes par trimestre, pour les abonnés aux Instructions décadaires , et 3 fr. pour les autres.

ART. 298.

ENREGISTREMENT.

DROITS LEGITIMAIRES.

Quotité du droit à percevoir , sur le paiement des droits légitimaires en argent.

La loi du 18 pluviôse an 5, porte, art. 16:
« La simple réception de la légitime, faite en
» tout ou en partie, après le décès des père

2

,, et mère , ne préjudicie pas à l'action en sup-
,, plément , *à moins qu'il n'y ait été expressé-*
,, *ment renoncé* après l'ouverture des successions ;
,, et, dans tous les cas, ce supplément , s'il
,, est dû , ou tous autres *droits ainsi que les*
,, *sommes qui resteraient à payer sur les légitimes ,*
,, *dots ou mariages avenans , seront exigibles en*
,, *biens héréditaires , nonobstant toutes lois et*
,, *usages contraires ?* ,,

Beaucoup d'héritiers ne profitent pas du bénéfice de cette loi, et reçoivent leur légitime en
argent. Sous quel rapport doit-on considérer,
pour la liquidation du droit d'enregistrement,
les actes par lesquels ils acceptent leur légitime
en numéraire, transigent ou donnent quittance,
en renonçant ainsi à leur droit d'être payés en
corps héréditaire ?

Plusieurs préposés ont considéré ces actes
comme contenant une cession immobiliaire.
L'effet de la loi, du 18 pluviôse an 5, est,
disaient-ils , de rendre les légitimaires co-propriétaires jusqu'à concurrence de leurs droits,
dans les biens qui composent l'hérédité. Ils
renoncent à leur co-propriété, moyennant une
somme d'argent, d'où il résulte une cession
sujette au droit de 4 pour cent sur le prix,
lorsque l'hérédité est immobiliaire en tout ou
partie.

Cette opinion paraissait fondée, et même elle avait été approuvée ; mais elle vient d'être soumise à un nouvel examen. On a dit : 1°. La quittance du légitimaire ne peut être caractérisée de cession de fonds, puisqu'il a accepté purement et simplement le legs d'une somme déterminée, qui lui a été fait pour lui tenir lieu de légitime.

2°. Pour que cette quittance présentât une cession, il faudrait que le légataire eût renoncé au legs, pour demander que sa légitime lui fût expédiée en fonds de l'hérédité, et c'est ce qui n'a pas eu lieu dans l'espèce que l'on propose.

3°. Quoique l'art. 16 de la loi du 18 pluviôse an 5, autorise le légitimaire à exiger en biens héréditaires le supplément de légitime ou ce qui resterait à payer de la légitime, il n'est point astreint à profiter de cette loi qui n'est que facultative.

4°. On ne saurait entendre autrement le sens de la loi, puisque le légataire peut exiger le paiement de son legs, tel et en mêmes espèces qu'il lui a été fait, et que l'héritier ne peut se soustraire au paiement dudit legs, que par une répudiation de l'hérédité.

C'est sur des motifs semblables que le tribunal de cassation a jugé, le 17 pluviôse, 25 germinal et 27 messidor an 7, qu'on ne pouvait exiger le droit des actes de l'espèce que sur le pied de quittance; et la régie a décidé, le 26 brumaire an 8, que les perceptions seraient établies en conformité de ces principes. *Faire mention de cet article en marge du n°. 17, page 257, des Instructions décadaires.*

ART. 299.

Un notaire qui reçoit une quittance d'arrérages de rente, doit justifier de l'enregistrement du titre constitutif de cette rente, et, à défaut, acquitter le droit, sauf la restitution lors de la représentation du titre enregistré.

La loi ne le dit pas textuellement, mais elle l'établit d'une manière implicite.

L'art. 41 du titre 7 de la loi du 22 brumaire an 7, défend aux notaires de passer des actes en vertu d'autres non-enregistrés; ils doivent donc justifier que ceux en vertu desquels ils en ont passé de postérieurs ont reçu la formalité. C'est en conséquence de ces principes, que le ministre des finances a répondu, le 22 brumaire dernier, à un notaire, qui avait réclamé contre la perception d'un droit d'enregistrement sur le capital d'une rente, à défaut de justification de l'enregistrement du titre constitutif, lors de la présentation au bureau, des quittances d'arrérages de cette rente :

« Les quittances que vous avez reçues et
» présentées à la formalité (dit le ministre),
» n'énoncent, en aucune manière, le titre de
» création des rentes dont il s'agit, le receveur a
» été autorisé de douter de son enregistrement, et
» fondé, aux termes de la loi du 22-frimaire
» an 7, à percevoir le droit, faute, par vous,
» d'avoir justifié qu'il a été acquitté dans l'ori-
» gine. Ainsi, pour obtenir la restitution de
» la somme que vous prétendez avoir payée
» de trop, il est nécessaire que vous indiquiez
» l'enregistrement du titre constitutif. »

A R T. 300.

ACTES TIMBRÉS ET ENREGISTRÉS EN *DÉBET.*

*Les actes passés dans l'intérêt de l'État, à la re-
quête des commissaires du gouvernement, doivent
être timbrés et enregistrés en débet : mode de
remboursement du coût de ces actes et des hono-
raires des officiers ministériels qui les font ou
les reçoivent.*

Un commissaire du gouvernement près une
administration centrale de département, a présenté à un receveur de la Régie, deux mandats
de cette administration, à l'effet de se faire rembourser des frais faits à sa requête pour la conservation des intérêts de la République. Ce
receveur a refusé d'acquitter ces mandats, parce
que ces commissaires ne sont tenus de faire au-

cune avance des droits , et qu'à l'égard des salaires des officiers ministériels qu'ils emploient,
il en doit être délivré un exécutoire en forme,

Sur la réclamation de ce commissaire, le ministre des finances s'est expliqué ainsi , dans la
lettre qu'il lui a écrite à ce sujet , le 7 de ce
mois :

« Les préposés de la Régie de l'enregistre-
» ment sont autorisés , citoyen , à viser pour
» timbre et à enregistrer, en *debet*, tous les actes
» faits à la requête des commissaires du gouver-
» nement pour les intérêts de la République, et
» les huissiers et greffiers peuvent remettre à ces
» derniers , tous les trois mois ou plus souvent,
» s'ils le désirent, un état des sommes qui leur
» sont dues pour être par eux présenté , après
» l'avoir visé et approuvé, au tribunal qui dé-
» cerne un exécutoire sur le receveur de l'enre-
» gistrement qui est tenu de l'acquitter, d'après
» le visa de l'administration centrale , sauf à ce
» receveur à en recouvrer le montant , sur les
» parties comme pour les frais de justice. Au
» moyen de ces mesures , vous n'êtes pas dans
» le cas, citoyen , de faire des avances , et les
» huissiers pourront être payés promptement
» des salaires qui leur sont dûs. »

ART. 301.

ENREGISTREMENT ET DÉCIME PAR FRANC.

L'acquéreur d'un domaine national, qui a consigné, entre les mains du secrétaire de l'administration centrale, le montant du droit d'enregistrement de son adjudication est libéré.

Ce secrétaire n'est pas tenu de payer le décime par franc de ce droit, lorsqu'il fait enregistrer dans les 20 jours, le procès-verbal d'adjudication, quoique dans l'intervalle de la consignation du droit, à la présentation de l'acte au bureau, la loi du 6 prairial dernier, qui a établi ce décime, ait été publiée dans le département.

Un particulier s'est rendu adjudicataire d'un domaine national le 19 prairial an 7 ; le 22 du même mois, il a consigné au secrétaire de l'administration centrale du département, le droit d'enregistrement de son adjudication, tel qu'il était dû à cette époque.

La loi du 6 prairial, portant établissement d'un décime par franc en sus des droits d'enregistrement, n'a été publiée que le 28 du même mois.

Postérieurement à cette publication, mais dans les 20 jours de l'adjudication, le secrétaire de l'administration ayant présenté le procès-verbal à l'enregistrement, le receveur exigea le paiement du décime par franc, en même-tems que celui du droit principal.

Sur la réclamation de l'adjudicataire, l'administration centrale a arrêté, le 3 vendémiaire dernier, que cet adjudicataire ayant remis au secrétaire de l'administration les fonds nécessaires pour acquitter les droits d'enregistrement, tels qu'ils étaient exigibles à l'époque de l'adjudication, il a été libéré dès ce moment, et qu'il ne peut plus être atteint par l'effet de la loi qui a augmenté les droits.

Cet arrêté a été déféré au ministre des finances.

On a objecté, dans les observations remises à ce sujet, que le dépôt fait entre les mains du secrétaire de l'administration, n'ayant point été versé à la caisse du receveur de l'enregistrement, avant la promulgation de la loi qui a ordonné la perception du décime par franc, ce dépôt n'a point libéré cet adjudicataire, et que d'après l'article 37 de la loi du 22 frimaire an 7, le recouvrement du montant du décime doit être poursuivi par le receveur contre les parties.

Dans cet état des choses, le ministre, par sa lettre du 12 brumaire an 8 à la Régie, a décidé la question en ces termes :

» L'arrêté du département des Deux-Nèthes est » irrégulier, en ce que cette administration était » incompétente pour prononcer sur la perception » dont il s'agit ; mais les motifs qui y sont exposés » sont fondés : en effet, l'article 36 de la loi du 22 fri-» maire an 7, charge les secrétaires des administrations » de faire enregistrer, dans le délai fixé, les actes » assujetis à cette formalité ; et l'article 37 autorise » les parties à consigner, entre leurs mains, les droits » d'enregistrement de ces actes. Il ne peut y avoir » de doute, d'après cette disposition, que, dès que » les acquéreurs ont consigné entre les mains du se-

» crétaire, le montant des droits, c'est, à leur égard,
» comme s'ils en avaient fait le paiement au receveur
» de l'enregistrement ; qu'ils sont entièrement libérés
» à l'instant de ce dépôt, et qu'on ne peut répéter
» contre eux les augmentations de droit qui peuvent
» survenir dans l'intervalle du dépôt au jour de la
» présentation de l'acte à l'enregistrement. Il n'y a
» pas lieu à la répétition du décime par franc, con-
» tre le secrétaire-greffier de l'administration, s'il a
» reçu le droit d'enregistrement avant la publication
» de la loi qui en a ordonné la perception, et s'il a
» présenté l'acte à l'enregistrement ; parce que la loi
» l'a établi *caissier intermediaire* du receveur de
» l'enregistrement, et qu'il ne doit être comptable
» que de ce qu'il a reçu. »

A R T. 302.

TITRE-NOUVEL.

Un acte contenant titre-nouvel de quatre parties
de rentes dûes pour la même personne, créées à
diverses époques, et passées les unes devant
notaire, les autres par actes sous seing-privé
enregistrés, donne-t-il ouverture à quatre droits
différens ?

Non. Dès qu'il n'y a qu'un créancier et qu'un
débiteur, il ne peut être dû plusieurs droits quoique le titre-nouvel énonce plusieurs parties de
rentes.

Solution de la Régie, du 9 frimaire an 8.

A R T. 303.

A M E N D E S.

La loi du 14 brumaire an 5 dispense les

indigens de consigner l'amende à laquelle sont assujetis les demandeurs en cassation, en représentant un *certificat d'indigence*, délivré par l'administration municipale de leur canton.

Un particulier qui avait encouru l'amende de 30 fr. pour n'avoir pas comparu au bureau de conciliation où il avait été cité, a prétendu qu'il était dispensé du paiement de cette amende, en présentant un *certificat d'indigence*. C'est une erreur. L'exception portée par la loi du 14 brumaire, ne s'étend point à d'autres amendes que celles dont la consignation est ordonnée pour se pourvoir en cassation. Ainsi, cette prétention est inadmissible.

Décision du ministre des finances, du 7 frimaire an 8.

ART. 304.
HYPOTHÈQUES.

Les extraits d'inscriptions concernant le même grevé, peuvent-ils être délivrés à la suite les uns des autres, et sur la même feuille de papier timbré ?

Les conservateurs sont-ils astreints à délivrer les extraits de leurs registres sur du papier timbré du prix de 75 centimes la feuille ?

Ces deux questions doivent être résolues d'après les lois. L'art. 51 de celle du 11 brumaire an 7, sur le nouveau régime hypothécaire, oblige les conservateurs de délivrer, quand ils en seront requis, la copie des actes transcrits sur leurs registres, ainsi que *l'état des inscriptions subsistantes*, ou le certificat qu'il n'en existe aucune ; et l'article 51 les rend responsables de

l'omission qu'ils feraient dans les certificats qui leur
sont demandés pour constater les inscriptions sub-
sistantes, de l'une ou de plusieurs de celles requises
antérieurement.

C'est donc l'*état* de toutes les inscriptions subsistantes sur l'individu qu'on lui désigne, ou le certificat
qu'il n'en existe aucune, que le conservateur doit délivrer, et non un extrait isolé de chaque inscription
concernant le même grevé. Il est donc nécessaire qu'il
transcrive, à la suite des uns des autres et par ordre
de dates et de numéros, les enregistremens faits au
registre des inscriptions concernant le même grévé,
et qu'il mette à la suite son certificat, pour attester
que les extraits sont conformes aux enregistremens,
et qu'il n'existe aucune autre inscription que celles
portées audit état.

L'article 23 de la loi du 13 brumaire sur le timbre,
qui défend d'écrire deux actes à la suite l'un de l'autre sur la même feuille, ne s'oppose point à ce que
plusieurs enregistremens *concernant le même grevé*
soient réunis sur la même feuille. Ces divers enregistremens ne forment, en effet, qu'un seul état et un
même acte, et il résulte seulement de cet article,
qu'on ne pourrait délivrer sur la même feuille plusieurs états d'inscription, ou plusieurs certificats, qu'il
n'en existe aucune.

L'erreur où sont tombés à cet égard un grand nombre de conservateurs, provient de ce qu'ils ont cru
devoir se conformer à l'ancien usage établi pour
l'exécution de l'édit de juin 1771, sans faire assez
d'attention aux différences qui existent entre cette loi
et celle du 11 brumaire an 7. L'article 24 de l'ancienne loi n'obligeait les conservateurs qu'à délivrer

les extraits de leurs registres, ou à certifier qu'il n'existait aucune opposition sur un tel, tandis que l'article 51 de la loi du 11 brumaire an 7, leur prescrit de délivrer l'*état des inscriptions subsistantes*, *ou le certificat qu'il n'en existe aucune.*

Cette différence dans les dispositions des deux lois, ne permet pas aux préposés de délivrer des extraits isolés de leur registre, sur autant de feuilles séparées qu'il y a d'inscriptions concernant le même grevé, comme il en était usé autrefois pour les extraits du registre des oppositions, et de joindre ensuite un certificat particulier, portant que les inscriptions sous tels ou tels numéros, sont les seules subsistantes sur un tel grevé. Ces inscriptions doivent être délivrées à la suite les unes des autres, sur une ou plusieurs feuilles de papier timbré, suivant le besoin, et le certificat qui atteste qu'il n'existe d'autres inscriptions sur un tel grevé, que celles portées dans l'état, doit être mis à la suite du dernier extrait.

Reste à examiner la question de savoir si les extraits du registre des inscriptions doivent être délivrés sur du papier timbré du prix de 75 centimes la feuille.

L'article 19 de la loi du 13 brumaire an 7, postérieure à celle sur le nouveau régime hypothécaire, dénomme les fonctionnaires publics qui doivent employer, pour les expéditions qu'ils délivrent des actes retenus en minute, du papier timbré du prix de 75 centimes la feuille; ce sont les *notaires*, *greffiers*, *arbitres* et *secrétaires des administrations.* Cette obligation ne peut être étendue à aucun autre fonctionnaire, et le second paragraphe de ce même article, qui veut que les huissiers *et autres officiers publics ou ministériels*, ne puissent employer que du moyen papier *pour les expéditions des procès-verbaux de vente de mobilier*, confirme encore notre opinion, puisqu'on ne doit pas présumer que le législateur ait restreint, sans motif, l'obligation contenue dans le paragraphe, aux seules expéditions des procès-verbaux de vente d'immeubles. Les extraits des registres des inscriptions ou des transcriptions que délivrent les conservateurs, doivent donc être considérés comme tout extrait délivré par les autres préposés de la régie, soit du registre des actes de celui des exploits ou de tout autre registre. Or, on n'a jamais prétendu que ces extraits dussent être écrits sur du papier à 75 centimes la feuille. Ce sont plutôt en effet des certificats, que de véritables expéditions.

ART. 305.

DROIT DE TRANSCRIPTION.

En observant dans le n°. 36 de nos *Instructions*, p. 576, que les droits de transcription devaient, aux termes de la loi du 21 ventôse an 7, être liquidés sur le même pied que le droit d'enregistrement, nous en avons conclu que, dans l'espèce d'une vente de nue propriété et d'usufruit, il fallait ajouter moitié en sus à la somme stipulée pour la nue propriété. Ce principe ne peut être généralisé. L'évaluation de l'usufruit ne se fait et ne peut se faire qu'à défaut d'un prix, d'une valeur déterminée par le contrat; mais lorsque la valeur de l'usufruit est régiée à un prix quelconque, ce prix doit être ajouté à celui stipulé pour la nue propriété, et le droit de transcription de la vente de la nue propriété, liquidé sur les deux sommes réunies, ainsi, dans un même acte, la vente de la nue propriété aura été faite pour 40,000 f. celle de l'usufruit pour 30,000 f. le droit est dû pour la propriété sur 70,000 fr., pour l'usufruit sur 30,000 fr.

La Régie a rendu plusieurs décisions sur cette question.

(A noter en marge de l'art. 284, pag. 576.)

ART. 306.

LOIS NOUVELLES RELATIVES AUX CONTRIBUTIONS.

Subvention extraordinaire de guerre.

La loi sur l'emprunt forcé est évidemment la principale cause de la diminution qu'ont éprouvée les droits d'enregistrement et de timbre, depuis le mois de messidor dernier; l'effet devant disparaître avec la cause, et toutes les mesures prises par les commissions législatives et le gouvernement, ayant pour but l'amélioration du crédit public et le rétablissement de la confiance, on ne peut douter que les contributions de l'enregistrement et du timbre ne remontent bientôt au point d'où elles étaient descendues.

La loi du 27 brumaire an 8, en rapportant celle du 10 messidor an 7 sur l'emprunt progressif de cent millions, le remplace par une subvention extraordinaire de guerre de vingt-cinq centimes par franc du principal des contributions foncière, personnelle, mobiliaire et somptuaire de l'an 7, payable par cinquième et de mois en mois. Les sommes versées à l'emprunt seront compensées aux prêteurs avec leur cotte de subvention, et leurs contributions de l'an 8 et l'excédent, s'il y en a, leur sera restitué.

Il est une disposition à laquelle les receveurs, chargés de la partie des domaines doivent faire attention, c'est que tous les débiteurs de rentes, soit perpétuelles, soit viagères, sont autorisés à faire, à leurs créanciers, la retenue de *vingt-cinq centimes par franc sur le cinquième ou dixième desdites rentes*, quand même elles seraient, par le titre qui les constitue, déclarées franches et quittes de toute imposition. Cette retenue équivaut au vingtième des rentes perpétuelles, et au quarantième des rentes viagères, en sus de la retenue autorisée par les lois antérieures.

Les *effets* qui peuvent être admis en paiement de la subvention extraordinaire de guerre, sont les *bons* de réquisition pour fourniture militaire, les mandats, ordonnances ou bons des administrations centrales pour l'habillement, l'équipement ou l'armement des conscrits, les billets de syndicat du commerce et les rescriptions nominatives délivrées aux rentiers et pensionnaires pour le dernier semestre de l'an 7 et le premier de l'an 8 ; mais excepté ces rescriptions, tous les autres effets ne peuvent être admis que pour moitié dans chaque paiement, l'autre moitié devant être acquittée en numéraire.

CONTRIBUTIONS, PATENTES COMPTABILITÉ EN FRANCS.

Suivant une loi du 27 brumaire an 8, les bons de rentes et pensions du second trimestre de l'an 7, seront admis en paiement du principal des contributions directes et des patentes (moins les dix centimes pour franc de cette dernière contribution qui sont attribués aux communes). Ces bons seront reçus de tout redevable indistinctement.

Une disposition de cette même loi porte que les rentes et pensions dûes par l'Etat, seront payées en francs, à compter du deuxième semestre de l'an 7 ; on a pris delà l'occasion de demander si la république pouvait, de son côé, exiger *en francs* les rentes qui lui sont dues, à compter de la même époque. Là négative n'est pas douteuse, puisque la loi du 7 floréal an 7, autorise le paiement en *livres* tournois de toutes les obligations antérieures au premier vendémiaire an 8. Il ne pourrait y avoir de difficulté qu'autant qu'une rente aurait été constituée dans l'intervalle de la publication de la loi du 27 floréal an 7, au premier vendémiaire an 8. Dans ce cas, la république, comme tout autre créancier, pourrait exiger en francs les intérêts courus après le premier vendémiaire. En effet, l'acte constitué étant postérieur à la publication de la loi, le débiteur ne peut prétexter l'ignorance de ses dispositions, pour prétendre qu'ayant reçu le capital en livr, tournois, il doit continuer de payer les arrérages en cette valeur.

Cette règle s'applique encore à tous les baux consentis dans le même intervalle de la publication de la loi au premier vendémiaire an 8.

PERCEPTION DES CONTRIBUTIONS DIRECTES.

Une loi du 3 frimaire an 8 , supprime l'agence des contributions directes qu'avait établie la loi du 22 brumaire an 6 , et la remplace par une direction du recouvrement des impositions directes dans chaque département, cette division, composée d'un directeur, un inspecteur , et d'un nombre de contrôleurs proportionné à l'étendue du département, lequel nombre ne peut cependant excéder celui de deux par arrondissement de recette.

Cette direction est chargée uniquement de la rédaction des matrices de rôles , d'après le travail préliminaire et nécessaire des répartiteurs , de l'expédition des rôles et de la vérification des réclamations faites par les contribuables, lesquelles continueront d'être jugées par les corps administratifs , conformément aux lois existantes.

ACQUISITIONS DE DOMAINES NATIONAUX.

Une loi du 11 frimaire an 8, accorde un nouveau délai aux acquéreurs de domaines nationaux pour se libérer des sommes dont ils sont restés débiteurs, et fixe le mode particulier de libération pour chacun d'eux, suivant la nature des valeurs dont ils sont redevables , et les différentes lois en vertu desquelles ils ont acquis.

Tous ces acquéreurs sont tenus de déclarer dans le mois de la publication , devant l'administration centrale, de la situation des biens , qu'ils entendent profiter du bénéfice de la loi ; ils doivent souscrire , dans le même délai , entre les mains du receveur des domaines nationaux , pour la partie payable en numéraire , (si mieux ils n'aiment se libérer sur-le-champ) , quatre cédules ou obligations payables de deux mois en deux mois, à partir du premier pluviôse prochain , ou huit cédules payables au 29 fixe de chaque mois, la première devant échoir le 29 pluviôse prochain. Faute d'avoir fait la déclaration prescrite , et de fournir et acquitter lesdites obligations , ils seront déchus de plein droit , et sans qu'il soit besoin d'aucune formalité. La régie de l'enregistrement est chargée , par une disposition expresse de faire exécuter sans délai la dépossession des acquéreurs tombés en déchéance.

INSTRUCTIONS

DÉCADAIRES

Sur l'Enregistrement, les Droits y réunis, et les Domaines nationaux,

RÉDIGÉES par une Société d'Employés de la Régie de l'Enregistrement et du Domaine national.

Le Bureau d'abonnement est, à Paris, rue Projétée-Choiseul, nº. 1. Prix, 18 fr. pour un an, 10 fr. pour six mois, et 6 fr. pour trois mois, franc de port par la poste ; et pour la copie du Bulletin des lois, 1 franc 50 centimes par trimestre, pour les abonnés aux Instructions décadaires, et 3 fr. pour les autres.

ART. 307.

ENREGISTREMENT.

ADJUDICATION D'IMMEUBLES.

L'adjudication faite à un héritier sous bénéfice d'inventaire, d'immeubles dépendant de la succession qu'il a acceptée à ce titre, opère-t-elle une mutation de propriété sujette au droit de 4 francs par 100 francs ?

NON. L'héritier par bénéfice d'inventaire est véritablement héritier incommutable, et ne dif-

fère de l'héritier pur et simple qu'en ce qu'il
n'est pas tenu au-delà des biens qui composent
la succession, et qu'il ne fait point de confusion
des droits et actions qu'il peut avoir contre la
succession du défunt ; ces deux cas exceptés, il
est considéré comme l'héritier pur et simple.

Par une suite de ce principe, l'héritier bénéficiaire est tenu de passer la déclaration des biens
de la succession, et d'en acquitter le droit d'enregistrement, dans le délai et sous les peines
portées par la loi à l'égard des héritiers purs et
simples.

Ainsi, dans le cas où l'héritier bénéficiaire se
fait adjuger les biens en paiement de ses créances
ou pour tout autre motif, ces biens ne sont
point acquis en sa personne, et l'adjudication
ne fait que confirmer la propriété de cet
héritier ; aussi le ci-devant parlement de Paris
a-t-il jugé plusieurs fois que dans l'espèce les
lods et ventes n'étaient pas dûs.

Ces adjudications ne sont donc passibles que
du droit fixe d'un franc.

ART. 308.

DÉLIVRANCE DE LEGS.

*L'acte par lequel 12 héritiers d'un particulier,
consentent l'exécution du testament qu'il a fait en
faveur de sa femme, donne-t-il ouverture à 12
droits fixes d'un franc, ou n'en est-il dû qu'un ?*

Les héritiers d'un testateur sont, dans la plupart

des coutumes, obligés de consentir la délivrance des legs, avant que les légataires puissent s'en mettre en possession. Lorsqu'ils déclarent consentir l'exécution du testament et la délivrance des legs y portés, ils agissent en commun dans la même succession et en quelque nombre qu'ils soient, il ne peut être perçu qu'un droit fixe d'un franc.

A R T. 309.

RATIFICATION D'ACTES.

Quels droits d'enregistrement doit-on percevoir pour la ratification d'un acte non-enregistré passé en pays étranger ou dans les colonies ?

Le nombre 38 du §. 1er. de l'article 68 de la loi du 22 frimaire an 7, règle à un franc fixe le droit d'enregistrement des ratifications pures et simples d'actes en forme. Il résulte de ces dernières expressions qu'il faut que l'acte ratifié soit en forme, c'est-à-dire, enregistré. S'il n'a pas reçu cette formalité, il doit être perçu indépendamment du droit fixe de la ratification, le droit auquel l'acte ratifié est assujéti par la loi. De plus, le notaire qui a reçu l'acte de ratification, est en contravention à l'article 42 de la loi qui défend à tout officier public de faire ou rédiger un acte en vertu d'un acte sous signature-privée ou passé en pays étranger, si ce dernier acte n'a été préalablement enregistré, à peine de 50 francs d'amende.

C'est bien, en effet, passer un acte en conséquence d'un autre que de ratifier celui-ci, et dans ce cas, le notaire devient personnellement responsable du droit de l'acte ratifié et non enregistré.

ART. 310.

VENTES DE MEUBLES.

L'officier public chargé de procéder, dans plusieurs communes, à la vente d'objets mobiliers appartenans à la même succession, doit-il en faire la déclaration dans tous les bureaux où la vente a lieu ?

Nul doute que cette question ne doive être résolue par l'affirmative. En effet, toutes les dispositions de la loi du 22 pluviose an 7, tendant à donner aux receveurs de l'enregistrement une connaissance exacte des ventes d'objets mobiliers faites dans l'arrondissement de leur bureau, afin qu'ils puissent les surveiller et assurer l'acquittement des droits qui doivent en résulter. Pour parvenir à ce but, l'article 6 porte même une dérogation aux dispositions de l'art. 26 de la loi de l'enregistrement, en ordonnant que les procès-verbaux de ventes de meubles seront enregistrés exclusivement au bureau où la déclaration aura été passée, sans avoir aucunement égard au domicile de l'officier qui y a procédé. Cette surveillance ne pourrait plus exister dans toute son étendue si, lorsque la vente a lieu dans plusieurs communes arrondies à différens bureaux, la déclaration n'était faite que dans un seul. Enfin, suivant l'article 2, la déclaration doit être passée au bureau de l'enregistrement.

dans l'arrondissement duquel la vente a lieu. Ce serait donc contrevenir à cette disposition, si, sous prétexte que les meubles dépendent d'une même succession, l'on se bornait à faire une seule déclaration, quoique la vente fût *continuée* dans une autre commune qui ne serait point arrondie au bureau où la déclaration aurait été passée.

ART. 311.

DOMAINES.

L'acquéreur d'une rente foncière provenant de communautés ecclésiastiques supprimées, mais hypothéquée sur les biens d'un émigré, a-t-il le droit de suivre la terre dans toutes ses mutations, et de s'opposer à la délivrance des fruits, pour assurer et exiger le paiement de sa rente ?

D'après la loi du 13 avril 1790, les rentes foncières sont déclarées rachetables; l'acquéreur en question est créancier non des biens, mais de l'émigré, et n'a aucuns droits sur les fruits.

Solution de la régie du 9 frimaire an 8.

ART. 312.

Peut-on exiger d'un ascendant d'émigrés, dont les biens sont mis sous le séquestre, le compte des fruits qu'il a perçus antérieurement au séquestre ?

Pour éclaircir cette question, il faut se remettre sous les yeux la législation concernant les pères et mères d'émigrés.

La première loi qui ait frappé leurs biens est celle du 12 septembre 1792. Elle les oblige de fournir l'habillement, l'armement et la solde de deux hommes par chaque enfant émigré, et d'en verser la valeur dans la caisse du receveur du district. Cette disposition avait été maintenue par la loi du 28 mars 1793, mais elle ne contenait aucune mesure pour priver les ascendans du revenu de leurs biens.

Par un décret du 17 frimaire an 2, la convention nationale arrêta en principe, que les biens des pères et mères d'émigrés mineurs, étant séquestrés et mis, dès ce moment sous la main de la nation, que ceux des pères et mères d'émigrés majeurs seraient également séquestrés et mis sous la main de la nation jusqu'à ce qu'ils eussent prouvé qu'ils avaient agi activement pour empêcher l'émigration. Les comités de salut public et de législation réunis, devaient présenter la rédaction et le mode d'exécution de cette mesure.

Cependant aucune loi ne fut rendue dans cet esprit, et les séquestres apposés sur le seul principe décrété, n'ont été que la suite d'un ordre particulier de l'administrateur des domaines nationaux.

A ces lois ont succédé celles des 1, 13 et 23 nivose an 3. La dernière relative aux secours à accorder aux pères et mères d'émigrés. Le séquestre de leurs biens y était rappelé comme chose exécutée.

Le 9 floréal an 3, intervint la loi qui ordonna le partage des biens de tous les ascendans d'émigrés. Elle prononce main-levée du séquestre aussitôt le partage fait, mais sans restitution de fruits, lesquels doivent demeurer compensés avec les secours que les ascendans avaient dû recevoir en vertu de la loi du 23 nivose; elle déclare solennellement quittes envers le trésor public lesdits ascendans après le partage de leurs biens: elle veut que le partage soit poursuivi d'office vis-à-vis des ascendans qui ne feraient pas la déclaration préliminaire dans le délai prescrit.

Cette loi, suspendue par décret du 11 messidor suivant, a été remise en vigueur par celle du 20 floréal an 4, qui porte que les ascendans sur les biens desquels le séquestre avait dû être apposé en vertu de la loi du 17 frimaire an 2, seraient admis à demander le partage ordonné par la loi du 9 floréal an 3, que le séquestre tiendrait à l'égard de ceux qui n'auraient pas demandé ou ne demanderaient pas le partage, et qu'il serait apposé ou rétabli sur les biens de ceux désignés dans l'article 1er. de ladite loi du 9 floréal an 3.

Du rapprochement de ces différentes lois, il résulte qu'aucune n'a prononcé la confiscation des biens des ascendans d'émigrés, que le séquestre seulement a été ordonné, sans même que le mode ait été jamais décrété.

Ces principes établis, la question se réduit à savoir si le séquestre des revenus peut se supposer là où il n'a jamais existé ; elle ne paraît pas susceptible de doute. En effet, un séquestre n'est autre chose qu'une saisie, or, on ne peut empêcher un propriétaire de jouir de ses revenus, tant qu'ils ne sont pas saisis ; on ne peut, à plus forte raison, lui demander la restitution des fruits qu'il a perçus avant qu'on ne l'ait dépouillé.

Mais objecte-t-on, la nation a joui, sans restitution de fruits des biens qu'elle a séquestrés et qu'elle a régis par suite de ce séquestre, et les fruits qu'elle a perçus ont été déclarés lui rester acquis. Les lois sont précises à cet égard, mais elles ne disent point que l'ascendant devait être privé de la jouissance de ses biens avant qu'ils eussent été séquestrés, et on ne peut tirer cette conséquence d'aucune de leurs dispositions.

Ainsi, il n'y a pas lieu de demander compte aux ascendans d'émigrés, des fruits de leurs biens jusqu'à l'apposition du séquestre qui seul a pu les dépouiller. Cet avis, présenté à la régie, le 9 frimaire an 8, lui a paru conforme aux lois et à la justice.

ART. 313.

DOMAINES.

Obligations ou cédules souscrites par les acquereurs en exécution de la loi du 16 brumaire an 5.

On a consulté le ministre des finances sur la question de savoir : si les cédules hypothé-

caires souscrites dans les formes ordonnées par
la loi du 16 brumaire an 5 , sont , *à défaut*
de paiement , exécutoires par elles-mêmes contre
les débiteurs , sans qu'il soit besoin d'obtenir un
jugement de condamnation , ou si elles ne con-
fèrent qu'une action ordinaire de la nature de
celle qui résulte d'un titre sous signature privée
non-reconnu. Ce ministre a cru devoir en référer au ministre de la justice , et , dans sa lettre
du 22 brumaire an 8 , au particulier qui l'avait
consulté , le ministre des finances s'exprime en
ces termes :

      « Le ministre de la justice et moi pensons
     » que ces cédules ne sont point exécutoires
     » par elles-mêmes ; que le porteur ne peut faire
     » saisir son débiteur, qu'après l'avoir traduit
     » en justice pour faire reconnaître sa signature,
     » et obtenu condamnation contre lui pour le
     » paiement de la somme énoncée dans le titre;
     » et que ce n'est qu'en vertu du jugement de
     » condamnation que la saisie peut être faite. »

A R T. 314.

COMPTABILITÉ.

Observations sur les différentes natures d'effets publics
ou de valeurs admissibles en paiement par les rece-
veurs , et sur les diverses natures de dépenses qu'ils
sont dans le cas d'acquitter et que les inspecteurs
doivent allouer.

La tournée de recouvrement des produits du trimestre
de vendémiaire an 8 va commencer. Les inspecteurs ne
sauraient donner trop d'attention à l'examen des pièces
de dépense qui leur sont présentées par les receveurs,
afin de rejeter celles qui auraient été , mal-à-propos ,
acquittées , ou qui ne seraient pas revêtues des formes

prescrites. Ils n'ignorent pas combien il serait dangereux, même pour l'intérêt des receveurs, d'allouer légèrement des pièces de dépense : il pourrait arriver, en effet, que quelques-unes fussent rejetées lors de la vérification des comptes. L'inspecteur est alors forcé d'exercer son recours sur le receveur ; celui-ci est obligé, à son tour, de réclamer de la partie prenante le montant de la pièce de dépense ; mais ce remboursement peut éprouver des difficultés ; et quel désagrément pour le receveur, s'il faut qu'il intente une action qui lui devient personnelle ; en attendant l'événement, il se trouve à découvert d'une somme plus ou moins considérable, et l'avance qu'il est forcé de faire peut le gêner extrêmement. Ces inconvé- niens, qui seraient plus grands encore, si la partie se trouvait éloignée, ou, si, dans l'intervalle, le receveur ou l'inspecteur avaient changé de poste, n'auraient pas existé ou eussent été levés facilement, si la pièce n'eût pas été admise par l'inspecteur lors de l'arrêté des pro- duits du trimestre. Concluons que si les receveurs doivent avoir le plus grand soin de n'acquitter que des dépenses autorisées, les inspecteurs doivent aussi se rendre très-attentifs pour n'allouer que des pièces de dépenses régulières et revêtues des formes prescrites.

Les détails dans lesquels nous allons entrer, tendent à prévenir les erreurs des préposés aux recettes sur cet objet important, et à faciliter la vérification des ins- pecteurs.

Nous parlerons d'abord des différentes valeurs admis- sibles dans les paiemens, et qui doivent être versées aux caisses des préposés des receveurs-généraux de départe- ment ; nous nous occuperons ensuite des diverses natures de dépenses qui doivent être acquittées par les receveurs.

EFFETS-PUBLICS ou valeurs admissibles par les receveurs de la Régie, et qui doivent être versés aux caisses des préposés des receveurs de dépar- tement.

1° Rescriptions de la trésorerie pour versement de numéraire.

Ces rescriptions ne peuvent être refusées, puisque tout

paiement fait à la trésorerie nationale est valable, comme s'il eût été fait au receveur lui-même; elles sont versées comme *numéraire* à la caisse du préposé du receveur-général du département.

2^b. *Rescriptions pour bons de rentes et pensions.*

Les bons de rentes et pensions délivrés à compte du deuxième semestre de l'an six ont été déclarés admissibles en paiement des droits de patente par les lois des 26 vendémiaire an 7 (1) et 27 brumaire an 8 (2), mais les receveurs ne peuvent admettre que les rescriptions, soit de la trésorerie, soit du receveur-général ou de ses préposés, représentatives de ces bons (3), et ils doivent faire attention que le dixième des patentes, attribué aux communes, ne peut être acquitté qu'en numéraire. Le numéro, la date et le montant des rescriptions doivent être énoncés dans l'enregistrement et la quittance. Si la rescription pour versement de bons excède le montant du droit, l'excédent est censé abandonné par le redevable, parce que c'est à lui à faire l'appoint, et que jamais les receveurs ne doivent rendre du numéraire sur des effets publics : dans ce cas c'est le montant de la rescription qui doit être tiré hors ligne (4).

3°. *Traités des adjudicataires de coupes de bois.*

L'arrêté du directoire du 1er. fructidor an 7 (5), porte que le prix des coupes de l'an 8 et des années suivantes, sera payé, savoir, un cinquième dans le mois de l'adjudication, et le surplus en deux paiemens égaux, dont le premier aura lieu le 29 fructidor, et le second, le 29 frimaire suivant ; et que, pour le surplus, l'arrêté du 5 thermidor an 5, sera exécuté selon sa forme et teneur. Suivant les articles III et IV de ce dernier arrêté (6), il ne doit être souscrit de lettres-de-change

(1) Circulaires des 22 frimaire et 19 messidor an 7, n°s 1448 et 1614.
(2) Circulaire du 11 frimaire an 8, n°. 1708, page 4.
(3) Circulaire du 27 vendémiaire an 8, n°. 1674.
(4) Circulaire du 4 messidor an 7, n°. 1599.
(5) Circulaire du 8 fructidor an 7, n°. 1647.
(6) Circulaire du 16 thermidor an 5, n°. 1072.

que pour les adjudications dont le prix est de 50,000 fr.
et au-dessus. Les lettres passées à l'ordre des receveurs
pour valeur en paiement d'adjudications de bois leur sont
remises lors du paiement du premier cinquième ; ils se
chargent en recette effective de leur montant, en men-
tionnant dans l'enregistrement la date et le montant de
chaque effet, l'époque de l'échéance et les noms et
demeure du payeur, et ils les versent ensuite à la caisse
du préposé du receveur-général qui en délivre un récépissé contenant les mêmes énonciations.

Il résulte de ce qui précède que les lettres-de-change,
ne devant être souscrites pour l'an 8, comme pour les
années précédentes, que lorsque le prix des adjudications est de 50,000 fr. et au-dessus, les inspecteurs ne
peuvent passer en dépense les récépissés et rescriptions
émises pour remise de ces effets, si les adjudications
n'étaient pas dans l'espèce prévue.

6°. Récépisses des gardes-magasin pour versement de grains.

La circulaire de la Régie, du 4 fructidor an 5, numéro 1080, comprend ces récépissés au nombre des valeurs admissibles par les receveurs ; mais ils ne peuvent
être reçus que des fermiers des biens nationaux et pour
les fermages de l'an 3 et de l'an 4 ; et ils ne peuvent re-
paraître aujourd'hui dans la comptabilité que parce qu'ils
auraient été rejetés des versements faits par les receveurs, comme n'étant pas revêtus des formes prescrites,
ou parce que les receveurs auraient eux-mêmes refusé,
par le même motif, de les allouer aux fermiers (7).
Ces récépissés doivent être convertis en récépissés des
préposés du receveur-général.

Suivant une lettre adressée par le ministre des finances
aux régisseurs, le 28 thermidor an 7, les récépissés pour
versemens des denrées faits dans les magasins militaires,
en exécution de l'arrêté du directoire exécutif, du 17
prairial précédent, ne sont admissibles qu'en paiement
des contributions directes dûes pour l'an 7, et ne
peuvent, dans aucun cas, être reçus en compen-

_____

(7) Circulaire du 4 ventôse an 7, n°. 1527, page 3 et 5.

sation de fermages nationaux, ni d'autres créances actives du trésor public, quelque soit leur objet.

5°. *Rescription de la trésorerie pour transfert d'inscriptions à la République.*

L'article 83 de la loi du 24 frimaire an 6 autorise les créanciers de la République, qui sont en même tems ses débiteurs, à donner en paiement, soit leur inscription, soit un tiers en inscription conservée et deux tiers en bons de remboursement. Le transfert de ces effets doit être passé au profit de la République et versé à la trésorerie nationale, qui délivre en échange une rescription : c'est cette rescription, délivrée au créancier direct de la République ou à celui qui avait une hypothèque spéciale sur l'objet de l'inscription, qui seule est admissible en paiement de créances dues à la nation comme représentant des émigrés, des ascendans d'émigrés ou autres individus dans le cas du séquestre (8). Elle peut, suivant plusieurs décisions du ministre des finances, servir à payer, soit le principal de la créance ou le capital de la rente, soit les intérêts ou arrérages échus. Comme le registre des revenus nationaux contient une colonne particulière pour les créances et remboursemens de capitaux de rente, et une autre pour les arrérages de rente, il paraît nécessaire, lorsque l'emploi est pour l'un et l'autre objet, d'imputer d'abord le montant du transfert sur le capital de la créance ou de la rente, et ensuite sur les intérêts échus ; de distinguer également le tiers de l'inscription des deux tiers mobilisés, et de tirer ces différentes sommes à la marge gauche du registre, conformément à la circulaire du 17 pluviose an 7, n°. 1487. Cette même circulaire transmet une décision du ministre, suivant laquelle la remise des receveurs sur cette nature de recette, devait être liquidée à raison seulement de la valeur des effets, à l'époque du transfert fait au profit de la nation ; mais cette base a été changée par l'article 2 de l'arrêté du directoire, du 21 floréal an 7 (9), suivant lequel les recettes en tiers consolidé, doivent être tirées, pour la liquidation de la remise générale et de celle des re-

(8) Circulaire du 17 pluviose an 7, n. 1487.
(9) Circulaire du 12 prairial an 7, n°. 1575.

ceveurs, à raison de dix pour cent de leur montant, et celles en bons des deux tiers mobilisés, à raison d'un et demi pour cent.

Suivant une décision du ministre, du 18 vendémiaire an 7 (10), les inscriptions provisoires doivent être admises de même que celles définitives dans les paiemens autorisés par l'article 83 de la loi du 24 frimaire an 6, en justifiant que le débiteur est créancier direct, et non par endossement ni transfert.

6°. *Récépissés de l'administration pour envoi de matières d'or et d'argent.*

D'après une lettre adressée par le ministre des finances aux régisseurs, le 24 thermidor an 7 (11), les receveurs ont dû se charger en recette effective, d'après les valeurs portées dans les récépissés de l'administration des monnaies, des matières d'or et d'argent, dont ils avaient fait l'envoi à la monnaie de Paris, et qui n'avaient d'abord été enregistrées que pour mémoire; et verser ensuite ces récépissés aux caisses des préposés du receveur-général. A l'égard des dépenses auxquelles les envois auraient donné lieu, elles ne peuvent être allouées aux receveurs que sur des ordonnances de l'administration centrale qui sont prises pour comptant par les inspecteurs, conformément à la circulaire du 3 fructidor an 7. Il n'a pas été expliqué sur quel registre les receveurs devaient se charger en recette du montant des récépissés de l'administration des monnaies; mais l'analogie indique que l'enregistrement doit être fait au registre des revenus nationaux, dans la colonne des prix de vente du mobilier national.

7°. *Obligations souscrites par les acquéreurs des domaines nationaux.*

Ces effets, d'après les différentes instructions de la Régie relatives à l'aliénation des biens nationaux, doivent être versés après que le montant en a été porté en recette. Ce versement ne doit éprouver aucun retard (12).

_____

(10) Circulaire du 4 brumaire an 8, n°. 1679.
(11) Circulaire du 3 fructidor an 7, n°. 1644.
(12) Circulaire du 8, n°. 1702.

Les acquéreurs désignés par la loi du 11 frimaire an 8, doivent souscrire dans le mois de sa publication, à peine de déchéance, des cédules ou obligations, pour la partie payable en numéraire (13).

8°. *Rescriptions de la trésorerie pour versemens par les acquéreurs des domaines nationaux.*

Ces rescriptions, quoiqu'elles fussent à ordre, devaient être reçues de tout acquéreur indistinctement, parce qu'elles représentaient des effets au porteur, et la même rescription pouvait être donnée en paiement par plusieurs acquéreurs, pourvu qu'elle fut passée à leur ordre et revêtue de leur acquit. Les rescriptions pour versement de tiers ou deux tiers provisoires ont pû être admises en paiement depuis la loi du 9 vendémiaire an 6 (14). Les inspecteurs ont dû liquider les remises des receveurs sur ces effets, à raison de dix pour cent du montant du tiers consolidé, et d'un et demi pour cent de celui des bons de deux tiers conformément à l'arrêté précité du 21 floréal an 7 (15).

Indépendamment de ces effets, les individus qui ont acquis en vertu de la loi du 16 brumaire an 5 avaient été autorisés, par celle du 2 ventôse suivant, à donner en paiement de la portion payable en numéraire ou obligations, les bons du *quart* des arrérages de rentes et pensions ; et en paiement de la portion payable en titres de créance, les bons de *trois quarts* (16). Les paiemens faits en bons de *quart*, pour la partie qui devait être acquittée en numéraire ou obligations, sont valables, suivant la décision du ministre des finances, jusqu'à la publication de la loi du 11 frimaire an 8. A l'égard des bons de *trois-quarts*, ils doivent être assimilés aux bons de deux tiers (17). L'arrêté du 21 floréal an 7, dont nous venons de parler, n'a rien décidé relativement à la fixation de la remise des receveurs sur ces bons de *quart* et de *trois quarts*. Nous pensons que,

---

(13) Circulaire du 22 frimaire an 8 , n°. 1715.
(14) Circulaire du 29 brumaire an 7 , n°. 1426.
(15) Circulaire du 12 prairial an 7 , n°. 1575.
(16) Circulaire du 25 ventose an 5 , n°. 1027.
(17) Circulaire du 22 frimaire an 8 ; n°. 1575.

pour cette liquidation, les premiers doivent être considérés comme *numéraire*, et les seconds calculés à un et demi pour cent de leur montant, comme les bons de deux tiers.

On observe que, depuis la loi du 27 brumaire an 7, les bons des deux tiers n'étaient plus admissibles qu'en paiement des maisons, bâtimens et usines vendus postérieurement et en exécution de ladite loi (18); que la nouvelle loi du 11 frimaire an 8, qui a prorogé les délais accordés pour le paiement des domaines nationaux, n'a rien changé aux dispositions de celle du 27 brumaire an 7, et qu'elle autorise l'admission du tiers, pour la partie payable en cette valeur, jusqu'au 1er. vendémiaire an 9.

Les différentes valeurs que nous venons de désigner, sont les seules que les receveurs aient été autorisés à admettre dans les paiemens; ils doivent en faire le versement, au plus tard, à la fin de chaque mois, aux caisses des préposés des receveurs-généraux, et retirer, pour chacune d'elles, un récépissé particulier et motivé, afin de pouvoir justifier que les récépissés soldent exactement chacune des valeurs qu'ils ont pour objet. Si quelque récépissé contenait différentes natures de valeurs, il devrait être employé séparément pour la dépense de chacune d'elles (19), et les inspecteurs auraient soin d'en joindre un extrait à chaque inventaire de pièces, relatif aux divers emplois qui seraient faits du même récépissé; mais il faut chercher à prévenir cet inconvénient, en invitant le préposé du receveur-général à délivrer, pour chaque espèce de valeur, un récépissé distinct et motivé.

La suite de cet article sera inséré au numéro 41

(18) Circulaire du 14 frimaire an 7, n°. 1441.
(19) Circulaire du 4 fructidor an 5, n°. 1080.

NOMINATION D'EMPLOIS.

La Régie a arrêté le 13 de ce mois que le citoyen Rambur, inspecteur à Saintes, département de la Charente-Inférieure, passerait en la même qualité à Limoges, et que le citoyen Hocbocq, inspecteur à Limoges, lui succéderait à Saintes.

Le citoyen Lefebvre, receveur à Montmirail, département de la Marne, a été nommé conservateur des hypothèques à Thuin, département de Jemmappes.

AVIS.

Le sixième volume des *Circulaires*, attendu avec impatience par nos souscripteurs, paraîtra, au plus tard, dans les premiers jours de nivôse. Quand nous l'avons annoncé, nous ignorions quelle pourrait en être l'étendue : il contiendra 500 pages d'impression, et c'est une des causes des retards qu'il a éprouvé dans son envoi.

Nº. 40.

INSTRUCTIONS

DÉCADAIRES

Sur l'Enregistrement, les Droits y réunis, et les Domaines nationaux,

RÉDIGÉES par une Société d'Employés de la Régie de l'Enregistrement et du Domaine national.

Le Bureau d'abonnement est, à Paris, rue Projettée-Choiseul, nº. 1. Prix, 18 fr. pour un an, 10 fr. pour six mois, et 6 fr. pour trois mois, franc de port par la poste ; et pour la copie du Bulletin des lois, 1 franc 50 centimes par trimestre, pour les abonnés aux Instructions décadaires, et 3 fr. pour les autres.

ART. 316.

ENREGISTREMENT.

VENTE RESCINDÉE POUR LÉSION D'OUTRE-MOITIÉ.

Comment doit-on liquider les droits d'un jugement qui rescinde et annulle pour lésion d'outre-moitié un contrat de vente passé en 1790, en laissant à l'acquéreur l'option de parfaire le juste prix.

Dans l'ancienne jurisprudence, la rescision des ventes d'immeubles était accordée pour

4

lésion du tiers au quart entre mineurs , et pour lésion d'outre-moitié entre majeurs. Cette action a été suspendue par une loi du 14 fructidor, an 3 ; mais celle du 19 floréal an 6 , qui détermine les cas où les ventes faites en papier-monnaie , postérieurement au 1er janvier 1791 , pourront être annullées , a remis en vigueur les anciennes lois à l'égard des ventes antérieures à la loi du 14 fructidor an 3. Elle porte , art. 8 : « Il n'est rien innové , pour ce qui concerne les » ventes faites en numéraire métallique , soit » avant , soit depuis le 1er janvier 1791 , jus- » qu'à la promulgation de la loi du 14 fructidor, » an 3. Les demandes formées ou à former » contre ces ventes doivent être jugées d'après » les anciennes lois ».

D'après ces dispositions , un tribunal civil a rescindé et annullé un contrat de vente passé en 1790 , et ordonné que le vendeur rentrerait en possession de l'immeuble, *si mieux n'aimait l'acquéreur parfaire le juste prix.*

Pour connaître si ce jugement opère une transmission de propriété, et donne en conséquence ouverture au droit proportionnel d'enregistrement , il faut examiner quels sont les effets de la lésion d'outre-moitié, et de la rescision prononcée par ce motif.

« L'action ; *dit Potier* , *dans son Traité du*
» *contrat de vente* , que donne la loi 2 , cod. de
» rescind. vend. est une action rescisive aux
» fins de faire rescinder et déclarer nul le contrat
» de vente que le propriétaire a fait de sa chose,
» si mieux n'aime l'acheteur suppléer ce qui
» manque au juste prix.

« Cette action est une action *utilis in rem*
» *et non directa*, car le vendeur qui a l'action
» rescisoire n'est plus , *in rei veritate* , le pro-
» priétaire de la chose qu'il a vendue ; il en a
» transféré la propriété à l'acheteur ; mais
» comme l'effet de cette action est de rescinder
» le contrat et l'aliénation ou translation de
» propriété qui s'est faite en conséquence , le
» vendeur qui a cette action est , par une
» fiction de droit , réputé être toujours le pro-
» priétaire de l'héritage qu'il a vendu ; et , en
» conséquence , il le revendique par cette action
» comme une chose qui lui appartient , et que
» l'acheteur retient sans aucune cause , le contrat
» de vente , qui était le titre de l'acheteur et la
» cause en vertu de laquelle l'acheteur le tenait ,
» étant rescindé. »

De ce principe il résulte évidemment que la
rescision n'opère point de mutation , puisque la
lésion rendait le contrat radicalement nul ,
même avant que la rescision fût prononcée

2

L'option pour un supplément de prix , laissée à l'acquéreur , est facultative ; son exercice seul opérerait la mutation , et par ce motif donnerait ouverture au droit de 4 pour 100 sur le supplément de prix ; le jugement qui ordonne la rescision ne peut donc être considéré sous un autre rapport que celui de renvoi en possession *pour cause de nullité radicale du contrat de vente.*

Or , de même qu'autrefois, il n'était pas dû de centième denier pour ces rentrées opérées pour cause de rescision, il n'y a pas non plus aujourd'hui ouverture au droit proportionnel d'enregistrement. Il n'est dû pour le jugement dont il s'agit, et sur l'expédition seulement , que le droit fixe de 3 francs, suivant le nombre 7 du §. 3 de l'art. 68 de la loi du 22 frimaire an 7 (Solution de la régie du 3 brumaire , an 7).

Mais le devoir du receveur est de prendre note du jugement sur son sommier des découvertes , pour être à portée de s'assurer , à la vue des actes subséquens ou des nouveaux rôles de contribution de l'évènement qui aura suivi.

Si le vendeur est rentré en possession , il n'y a aucun droit à payer , et l'objet est terminé.

Mais si l'acquéreur a conservé le bien , il n'a pu le faire qu'en usant de la faculté de parfaire le prix dans le terme fixé au jugement ;

et il est tenu par suite du droit de 4 pour 100 sur le supplément de prix , ensemble du droit en sus , si le délai de trois mois , à partir du paiement effectué , se trouve expiré.

Ces principes , au surplus , ne s'appliquent qu'aux rescisions prononcées en justice Il est sans difficulté que la rentrée du vendeur qui s'opère par convention , même sous le motif de lésion d'autre-moitié , est une rétrocession vo. lontaire , soumise au droit proportionnel de 4 pour 100.

(A noter sur notre ouvrage de l'enregistrement, en marge de l'art. Lésion , pag. 373).

A R T. 317.

N O M I N A T I O N S   D' E X P E R T S.

De quel droit sont passibles celles faites d'office par un tribunal civil ?

Le nombre 32 du §. premier de l'art. 68 de la loi du 22 frimaire an 7 , fixe *indistinctement* à 1 franc le droit d'enregistrement des nomina- tions d'experts ou arbitres : la loi n'ayant pas distingué , on doit en conclure que même les nominations faites d'office par le juge ne donnent ouverture qu'au droit d'un franc.

Cependant cette perception paraît opposée aux dispositions du nombre 6 , §. 2 du même art.

qui veut qu'il soit exigé 2 francs pour les actes et jugemens préparatoires ou d'instruction des tribunaux civils. La nomination d'experts étant incontestablement un acte préparatoire, devrait donc être assujettie au droit de 2 francs.

Ce raisonnement est juste pour tous les actes préparatoires qui ne sont pas *nominativement* tariffés ; dans l'espèce, les nominations d'experts le sont, et si l'intention du législateur eût été que la quotité du droit des nominations faites d'office, en justice, ne fut pas la même que celle des nominations faites par acte civil, ou il s'en fut expliqué, comme aux nombres 1 et 4 du §. premier, en ces termes : *quand elles ne sont pas faites en justice*, ou il les eût expressément dénommés dans le troisième alinéa du nombre 6 du §. 2 précité, comme il l'a fait pour différens actes qui, s'ils étaient passés devant notaire, ne seraient sujets qu'au droit fixe d'un franc.

En recherchant le motif qui peut fonder la différence de la perception entre les jugemens contenant nominations d'experts, et les autres jugemens préparatoires, on croit le reconnaître, en ce que la nomination faite d'office par les juges a été précédée d'un jugement qui ordonne aux parties d'y procéder, dans un tel délai, sinon qu'il y sera procédé d'office, et que ce jugement a dû acquitter le droit de 2 francs.

La nomination faite ensuite par le juge n'est que pour suppléer celle qui aurait dû être faite par la partie ; donc le juge, dans cette circonstance, tient en quelque sorte la place de la partie ; il est donc naturel qu'elle n'opère pas de plus fort droit que si elle était faite par la partie elle-même.

ART. 318.

MAIN-LEVÉE D'OPPOSITION.

La main-levée d'opposition contenue dans la quittance donnée par un créancier à son débiteur, opère-t-elle un droit particulier ?

Une solution du 7 juin 1791, que nous avons citée, page 385 du dictionnaire de l'Enregistrement, avait décidé l'affirmative ; on s'était fondé sur ce que les quittances n'entraînaient nécessairement la main-levée des oppositions ou saisies, que lorsqu'elles effectuaient la libération totale du débiteur, et qu'il y avait beaucoup de quittances sans main-levée quoiqu'il existât des oppositions ; d'où l'on concluait que la main-levée ne dérivait pas indispensablement de la quittance, qu'elle n'était point de son essence ;

On a opposé à ces motifs que, si tout paiement n'entraîne pas la main-levée, il ne s'ensuit pas que celle donnée après un paiement effectué n'ait essentiellement pour cause le paiement. La question examinée de nouveau, a été vue sous ce dernier rapport par la régie, qui a décidé, le 9 frimaire an 8, que la main-levée d'opposition ou d'inscription ne donnait, dans l'espèce, ouverture à aucun droit. Il résulte encore de ce principe qu'on ne peut exiger que le droit de la quittance, quand même il serait moindre que celui tarifé pour la main-levée.

(A noter en marge de l'article main-levée, page 385 du Dictionnaire raisonné de l'Enregistrement.)

ART. 319.

ENREGISTREMENT ET TIMBRE.

Actes concernant la dette publique.

Une administration centrale a demandé au ministre des finances, quels sont les actes relatifs à la dette publique, qui doivent être timbrés et enregistrés ?

Le ministre a fait, le 7 frimaire an 8, sur cette question, la réponse suivante : « En ce » qui concerne le timbre, le 9e. alinéa du » n°. 1er. de l'art. 12 de la loi du 13 brumaire » an 7, déclare sujets à cette formalité, les actes » des corps administratifs qui sont assujétis » à l'enregistrement, où qui se délivrent aux

,, citoyens, ainsi que toutes les expéditions
,, et extraits des actes, arrêtés et délibérations de
,, ces autorités qui leur sont délivrés. L'art. 16 de
,, la même loi n'en dispense que les minutes des
,, actes, arrêtés, décisions et délibérations de
,, l'administration publique, qui ne sont point
,, sujets à l'enregistrement sur la minute.

,, A l'égard de l'enregistrement, à moins que
,, quelques-uns de ces actes des corps adminis-
,, tratifs, tendant à cette liquidation, n'aient été
,, expressément assujétis à cette formalité par
,, des lois particulières, ils n'en sont pas sus-
,, ceptibles, d'après celle du 22 frimaire an 7,
,, pourvu qu'ils ne contiennent aucune conven-
,, tion avec les créanciers, ou entr'eux et d'autres
,, particuliers ; parce que, dans ces derniers
,, cas, ces actes n'étant pas dans les fonctions de
,, ces administrations, seraient sujets à l'enregis-
,, trement, comme s'ils avaient été passés de-
,, vant notaires.

,, De ces observations, il résulte qu'en général
,, les actes administratifs, pour la liquidation
,, de la dette publique, ne sont point sujets à
,, l'enregistrement ; que si quelques-uns s'y trou-
,, vaient assujétis par des lois particulières *sur*
,, *la minute*, elle devrait être sur papier tim-
,, bré ; que, hors ce cas, les minutes de ces
,, actes peuvent être sur papier non timbré :

» Que les expéditions , copies ou extraits dé-
» livrés à des administrateurs ou fonctionnai-
» res publics , en y faisant mention de cette
» destination , sont également dispensés du tim-
» bre , aux termes de l'art. 16 de la loi du 13
» brumaire an 7 ; mais que les expéditions ,
» copies ou extraits délivrés aux citoyens , quoi-
» que non-sujets à l'enregistrement , doivent
» tous être écrits sur papier timbré. »

ART. 320.

TIMBRE.

*Plusieurs adjudications de baux de terreins mili-
taires d'une date différente , peuvent-elles être
écrites à la suite les unes des autres , sur une
même feuille de papier timbré ?*

L'article 23 de la loi du 13 brumaire an 7 ,
permet d'écrire sur une même feuille de papier
timbré , et à la suite les uns des autres , les
procès-verbaux et autres actes qui ne peuvent
être consommés dans le même jour et dans la
même vacation. Le ministre des finances a décidé , le 17 frimaire an 8 , que cette exception
était applicable aux procès-verbaux d'adjudications de baux de terreins militaires

DOMAINES ENGAGÉS.

Les engagistes qui avaient été dépossédés en vertu de la loi du 10 frimaire an 2, et qui veulent se rendre propriétaires incommutables conformément à celle du 14 ventôse an 7, sont-ils astreints à énoncer, dans leur soumission, le produit actuel des biens ?

Ont-ils droit aux fruits perçus depuis leur dépossession, et peut-il leur en être fait état sur le quart à payer ?

Le ministre des finances, auquel cette question a été soumise, a rendu, le 5 frimaire an 8, la décision suivante :

« Les soumissionnaires ayant été dépossédés, et la nation ayant, depuis cette époque, perçu les fruits à son profit, les préposés de la Régie peuvent seuls connaître le produit actuel des biens. Les soumissions faites par lesdits engagistes en exécution de la loi du 14 ventôse an 7, pour être réintégrés dans leur jouissance, doivent donc être admises quoiqu'elles ne contiennent pas l'énonciation du produit actuel des biens. Il sera en conséquence, procédé aux estimations prescrites par les articles 16 et suivans de la loi. »

» La demande desdits engagistes, tendante à ce que les fruits perçus au profit de la République, depuis leur dépossession, soient imputés sur les sommes qu'ils auront à payer pour le quart de la valeur des biens engagés, n'est pas admissible, attendu que la loi ne l'autorise pas. »

A noter en marge du dernier alinéa de la page 128 de l'analyse des lois sur les domaines engagés.

ART. 321.

DOMAINES.

MODE DE PAIEMENT.

Admission du tiers provisoire en paiement de domaines nationaux.

Lettre du ministre des finances à la Régie de l'enregistrement, du 28 frimaire an 8.

« On a demandé, citoyens régisseurs, si les acquéreurs de domaines nationaux qui, avant la loi du 11 de ce mois, pouvaient se libérer indistinctement d'une partie du prix de leur acquisition, soit en tiers consolidé, soit en tiers provisoire, ont conservé cette faculté.

» Je ne vois rien dans la loi nouvelle qui s'y oppose, elle n'établit point de distinction dans les bons du tiers consolidé, elle continue donc à admettre concurremment le tiers consolidé *inscrit ou à inscrire.* On ne peut supposer qu'une loi d'ailleurs favorable aux acquéreurs, ait voulu, sous ce rapport, aggraver leur situation. »

ART. 322.

REMBOURSEMENT DE RENTES.

Un particulier qui a remboursé en papier-monnaie, une rente due à la République, sans avoir obtenu l'approbation du département, est-il libéré ?

Non, les liquidations relatives à l'extinction des droits incorporels dépendant des domaines nationaux ne peuvent , aux termes des articles 2 , 3 et 4 de la loi du 9 mars 1791 , avoir d'effet qu'autant qu'elles ont été préalablement vérifiées et approuvées par les administrations de département. Or toutes les rentes se trouvent indistinctement comprises sous la dénomination générale des droits incorporels.

Les remboursemens de rentes faits sans avoir rempli les formalités requises par cette loi , sont donc nuls , et les débiteurs doivent continuer de servir les rentes jusqu'au rachat régulier qui en sera fait ; sauf à leur tenir compte , d'après l'échelle de dépréciation , de ce qu'ils auront payé en papier-monnaie , à l'effet de quoi ils doivent se pourvoir dans les formes prescrites par la loi du 24 frimaire an 6. *Décision du ministre des finances , du 15 frimaire an 8.*

———

ART. 323.

LOIS NOUVELLES RELATIVES AUX FINANCES.

Obligations et cautionnemens à fournir par les receveurs généraux des départemens.

Une loi du 6 frimaire an 8 , oblige les receveurs-généraux de département à souscrire douze obligations , payables de mois en mois , à compter du 30 germinal prochain , pour le montant des contributions directes du département.

Elle oblige en outre ces receveurs à fournir un cautionnement en numéraire , égal au vingtième du montant de la contribution foncière. Ce cautionnement doit être versé dans une caisse particulière , la moitié d'ici au 30 nivôse , et l'autre moitié dans les deux mois suivans.

Les fonds provenans de ces versemens sont destinés à garantir le remboursement des obligations qui seraient protestées, et à opérer successivement l'amortissement de la dette publique. Les arrérages des rentes viagères et des pensions ecclésiastiques, seront, à mesure de leur extinction, versés dans la même caisse, et employés au même objet.

Il sera payé aux receveurs-généraux un intérêt de cinq pour cent pendant l'an 8 sur l'objet de leur cautionnement. Le taux de cet intérêt sera réglé chaque année.

ART. 324.

Fixation des contributions directes de l'an 8.

Une loi du 11 frimaire an 8, fixe au cinquième en principal, pour l'an 8, la proportion de la contribution foncière avec le revenu foncier imposable.

La contribution foncière est fixée, pour l'an 8, à 210 millions, comme en l'an 7, et elle sera répartie entre les quatre-vingt-dix-neuf départemens situés en Europe, (non compris les pays conquis qui bordent le Rhin et forment quatre départemens), conformément au tableau dressé pour l'an 7.

La contribution personnelle, mobiliaire et somptuaire est fixée à 40 millions; savoir : 38 millions sept cent mille francs pour la contribution mobiliaire et somptuaire, et 13 cent mille francs pour la contribution sur les domestiques, les chevaux et les voitures de luxe.

ART. 325.

Recouvrement des débets des comptables.

Une loi du 13 frimaire an 8, autorise les commissaires de la trésorerie nationale, chargés par les lois d'arrêter provisoirement les comptes des receveurs et payeurs-généraux des départemens, ainsi que des différentes régies nationales, à prendre, pour le recouvrement des débets des comptables, tous arrêtés nécessaires, lesquels seront exécutoires par provision.

Seront de même exécutoires par provision les arrêtés pris contre les entrepreneurs, fournisseurs, soumissionnaires et agens quelconques chargés des services depuis la mise en activité de la constitution de l'an 3, soit pour la réintégration des à-comptes accordés pour ces services, soit pour le recouvrement des débets, résultant des comptes qui doivent être arrêtés par les ministres, et déposés à la trésorerie.

Rapport de la loi qui établit une retenue progressive sur le traitement des employés.

Nous avons annoncé dans un de nos précédens numéros, comme probable le rapport de la loi du 1er. thermidor, qui établit une retenue progressive sur les traitemens. Cette loi vient, en effet, d'être rapportée par celle du 25 du courant, qui est ainsi conçue :

ARTICLE PREMIER.

La loi du 1er. thermidor an 7, qui établit une retenue progressive sur le traitement des fonctionnaires et employés, est rapportée.

ART. II.

A compter du 1er. nivôse prochain, il sera fait une retenue du vingtième sur les traitemens, remises et indemnités des fonctionnaires et employés au service de la République.

ANNONCE.

Classement de Directions de la Régie.

Les directions de Mayence, département du Mont-Tonnerre et d'Aix-la-Chapelle, département de la Roer, ont été, par arrêté du directoire exécutif du 21 floréal an 7, placées au rang des directions de seconde classe, et dans chacune d'elles, il a été établi une troisième vérification.

NOMINATION D'EMPLOIS.

Nomination de conservateurs des hypothèques.

La Régie a nommé à la place de conservateur des hypothèques à la Rochelle, département de la Charente-Inférieure, le citoyen Gerbier ; à celle de conservateur à Castres, département du Tarn, le citoyen Menod, et à celle de conservateur à Vitry, département de la Marne, le citoyen Meunier.

A V I S.

Remise générale sur les produits de l'an 7.

Il importe, sur-tout pour les inspecteurs et les vérificateurs dont les dépenses augmentent tous les jours, que le complément de remise générale de l'an 7, soit incessamment réglé et acquitté. C'est pour les directeurs un motif puissant de fournir, sous le plus bref délai, l'état demandé par la circulaire du 21 frimaire, n°. 1713, qui doit donner les élémens de cette liquidation.

N°. 41.

INSTRUCTIONS

DÉCADAIRES

Sur l'Enregistrement, les Droits y réunis, et les Domaines nationaux,

RÉDIGÉES par une Société d'Employés de la Régie de l'"Enregistrement et du Domaine national.

Le Bureau d'abonnement est, à Paris, rue Projettée-Choiseul, n°. 1. Prix, 18 fr. pour un an, 10 fr. pour six mois, et 6 fr. pour trois mois, franc de port par la poste ; et pour la copie du Bulletin des lois, 1 franc 50 centimes par trimestre, pour les abonnés aux Instructions décadaires, et 3 fr. pour les autres.

ART. 326.

TIMBRE.

Obligations souscrites par les acquéreurs de domaines nationaux, en exécution de la loi du 11 frimaire an 8.

Les circulaires des 16 et 22 frimaire an 8,

5

n°. 1710 et 1715, portent que les directeurs feront imprimer et frapper du timbre de dimension les obligations qui seront souscrites, d'après la loi du 11 dudit mois, par les acquéreurs de biens nationaux ; et que la forme d'impression et souscription sera la même qui a été suivie pour les obligations rédigées en vertu des lois des 16 brumaire et 16 pluviôse an 5, et 26 vendémiaire an 7. (Circulaire des 29 frimaire et 13 pluviôse an 5, et 19 frimaire an 7, n°. 990, 1009 et 1446).

Nous allons répondre aux questions qui nous ont été faites sur le mode d'exécution de ces ordres.

Les différences entre le timbre des anciennes obligations et celui des nouvelles, consistent en ce que les premières ont été soumises à un timbre sec et gratuit, au lieu que les secondes sont frappées du timbre noir de dimension, dont le droit est payable par les souscripteurs d'obligations.

Ce droit est de 25 centimes par obligation, non compris le décime de subvention ; mais il ne paraît pas exigible pour le timbre apposé à la souche, qui contient les quatre copies d'obligations souscrites pour servir à la comparaison des signatures ; cette souche devant être considérée comme un registre de la Régie.

Cette distinction doit être établie dans l'enregistrement *pour mémoire* que fera le receveur du timbre extraordinaire, lors de l'apposition du timbre sur les feuilles de registre à souche.

Quant à la comptabilité de ces droits de timbre payés au moment de la signature des obligations, nous pensons qu'elle se réduit à en faire recette, à la fin de chaque mois, au registre *du visa* pour timbre, d'après le nombre d'obligations qui se trouveront avoir été détachées du registre à souche. L'inspecteur devra, de son côté, vérifier le rapport en recette, et en faire note sur le registre à l'expiration du trimestre.

Si le receveur du domaine, auquel les obligations sont remises, n'est pas chargé de la partie du timbre, il comptera des droits à son collègue, qui en fera recette et lui en donnera décharge.

COMPTABILITÉ.

PRODUITS DE LA RÉGIE PENDANT L'AN VII.

Nous croyons faire plaisir à nos abonnés en leur presentant un apperçu des produits de la Régie pendant l'an 7, pris sur les états de mois des directeurs.

			fr.	
Enregistrement.	Actes civils { publics. sous s. p.	42,489,830 1,143,761	}	
	Actes judiciaires.	6,143,494		61,868,679
	Actes d'huissiers.	4,820,269		
	Successions.	7,271,325		
Timbre.	Gradué et de dimension.	17,447,429		
	Des papiers cartes.	315,723		19,047,269
	Des journaux, affiches, et papiers musique.	1,284,117		
Greffes.	Mise au rôle.	273,547		
	Rédaction.	65,102	}	1,554,422
	Expédition.	1,215,774		
Hypothèques.	Inscription de créances.	586,666	}	4,708,731
	Transcription d'actes de mutation.	4,122,065		

Droits sur les voitures publiques.   792,902

Droits de garantie.   564,199

Amendes de condamnation et autres peines pécuniaires.   1,999,559

Amendes de contravention relatives. { — aux patentes.
 { — aux droits sur le tabac. }

           90,535,761

Décime par franc, depuis son établissement.   2,148,794

           92,684,555

De l'autre part.	92,684,555
Fateutes.	18,417,974
Droits sur le tabac.	1,285,917
Frais de justice recouvrés.	62,161
Revenus des biens saisis réellement.	286,271
Droits d'expéditions des actes de l'état civil à Paris.	62,548
Bois nationaux et attributions sur ceux des communes.	25,241,163
Épaves. Déshérences.	} 223,933

DOMAINES NATIONAUX.

Revenus.

Rentes, fermages et loyers.	36,481,617	
Canaux.	1,129,114	
Salins.	1,090,108	39,007,666
Droits de bac.	111,734	
Terrains des fortifications.	195,093	

Créances et remboursement de rentes.	2,963,606

Prix de ventes.

De mobilier.	5,330,269
D'immeubles, valeur métallique, (indépendamment de 59,230,233 en bons du tiers consolidé, et de 609,140,767 en bons des deux tiers mobilisés).	65,878,874
Quarts sur les domaines engagés.	30,396

Autres dépenses de diverses natures.	343,155

Total des produits de l'an 7 en valeur métallique.	251,818,498

ART. 327.

DOMAINES NATIONAUX.

FERMAGES.

(Suite du N°. 10, art. 47, page 157.)

CHAPITRE V.

De la contribution foncière à répéter contre les acquéreurs de domaines nationaux.

La contribution foncière doit être supportée par le propriétaire, à raison de sa jouissance; ainsi, pour déterminer la portion d'impôt foncier qui est à la charge de l'acquéreur d'un bien national, il faut savoir l'époque où il a commencé à jouir, et connaître la portion des fruits dont il a joui. Mais cette question est liée à celle de la division des fermages entre la nation et les acquéreurs de domaines nationaux; elle fera la matière d'un de nos prochains numéros; nous nous contenterons par celui-ci, de poser les bases de paiement d'après lesquelles on doit répéter, contre les acquéreurs, les années ou les parties d'années de contribution foncière, qui étaient à leur charge et qu'ils n'ont pas acquittées.

Il est des acquéreurs de biens nationaux qui ont négligé de payer le *prorata* de contribution de l'année de jouissance divisible entr'eux et la nation; il en est même d'autres qui ont laissé écouler une ou plusieurs années sans faire porter la cotte sous leur nom. Alors, ou ces *prorata* et années de contribution sont encore dûes au collecteur ; et dans ce cas , les acquéreurs ne peuvent s'acquitter qu'en numéraire, quelle que soit l'année de contribution dûe ; le ministre des finances l'a ainsi décidé , conformement à la loi du 16 brumaire an 5 , qui porte en substance que les contributions antérieures à l'an 5, alors dûes , seraient acquittées avant le 15 frimaire suivant , d'après le mode fixé par cette loi , et que ce délai passé , ce qui resterait dû serait payé en *numéraire* , franc pour franc. Le recouvrement, dans ce cas, n'est point de la compétence des receveurs de la Régie ; c'est aux percepteurs des impositions à le poursuivre.

Où les *prorata* et années de contribution ont été acquittés par les receveurs de la Régie , soit en assignats , soit en mandats , soit en certificats de possession ; alors les acquéreurs sont également ment tenus de payer en numéraire , à moins qu'ils ne justifient avoir fait les démarches convenables pour payer en papier-monnaie.

Mais s'ils justifient qu'ils se sont présentés chez le percepteur pour acquitter cette cotte , et qu'ils n'ont pu se libérer , soit, parce que la cotte n'était point établie sous leur nom , soit parce qu'étant établie sous le nom de la nation , elle avait déjà été acquittée par les préposés de

la Régie, on ne peut en exiger le remboursement que d'après le cours du papier-monnaie.

C'est ce qui résulte d'une décision du ministre des finances, du 16 ventôse an 7.

Mais quelle sera l'époque de l'échelle de dépréciation que l'on prendra pour réduire en numéraire les contributions dûes en papier-monnaie et payées à la décharge des acquéreurs par
les receveurs de la Régie ? Est-ce celle du jour
où l'imposition était dûe, ou celle du jour où
elle a été payée par les receveurs ? Plusieurs
ont dit : L'acquéreur n'est tenu de rembourser
à la nation que la valeur réelle qu'elle est censée
avoir payé à sa décharge ; ainsi, dans le cas où,
avant le 15 frimaire an 4, le receveur aurait
payé en certificats de possession des contributions de 1791, 1792 et 1793 dûes par l'acquéreur, qui, à cette époque, pouvait se libérer
en assignats à 30 capitaux pour un, ou en mandats valeur nominale, celui-ci ne peut être obligé
qu'à rembourser en numéraire d'après le cours
des mandats à l'époque du paiement fait en certificats de possession.

Nous ne partageons pas cette opinion ; 1°.
parce que quoiqu'il soit vrai de dire en thèse
générale qu'on n'est obligé de rembourser à
celui qui a payé à notre décharge, que la somme
par lui acquittée, ce principe ne peut recevoir

son application à l'espèce. La nation , ici , est en même-tems créancière et débitrice ; la compensation a lieu de plein droit, et l'on ne peut considérer que comme une simple formalité le paiement qu'elle s'est fait à elle-même, soit en assignats , soit en certificats de possession. L'acquéreur était toujours débiteur, et s'il ne s'est pas libéré dans le tems du papier-monnaie, ou s'il n'a pas offert le paiement, il ne peut imputer qu'à sa négligence l'obligation où il est de payer en numéraire.

2°. Parce qu'en prenant pour époque de la réduction d'après l'échelle de dépréciation, celle du paiement fait par le receveur de la Régie, en certificats de possession, la somme à rembourser par l'acquéreur, en numéraire, serait plus ou moins forte selon que le receveur aurait été plus ou moins diligent à délivrer des certificats de possession.

Cette base ne nous paraît donc pas devoir être admise ; il en est une autre plus conforme à la raison, à la justice, et en quelque sorte autorisée par une décision du ministre des finances, du 16 prairial an 5 , transmise par la circulaire, n°. 1066 ; c'est celle *de l'échéance du paiement*. Le ministre des finances, consulté par la Régie , pour savoir comment on devait payer les charges locales antérieures à l'an 5 , lorsque

ses receveurs avaient négligé de les acquitter,
ou les percepteurs d'en présenter les relevés, a
répondu : « Les relevés des charges locales,
» antérieures à l'an 5, n'ayant pas été présentés
» en tems utile par les percepteurs, et les pré-
» posés de la Régie n'ayant pu les payer avec
» des assignats ou mandats, lorsqu'ils étaient
» autorisés à se libérer dans ces valeurs, ils
» doivent aujourd'hui être admis à les acquitter
» en numéraire d'après le cours des assignats et
» mandats, *au jour fixé par les lois, pour l'é-*
» *chéance du paiement des contributions.* »

Nous pensons donc que c'est l'époque in-
diquée par cette décision qui doit servir de
règle, et que l'on ne doit point avoir égard
aux prolongations de délai qui ont pu être accordées ; mais il faut prendre l'*échéance* des
contributions dans les lois portant établissement de la contribution pour chaque année.

Pour éviter à nos abonnés des recherches
difficiles, et impossibles même à plusieurs, nous
leur indiquerons ici l'échéance et le mode de
paiement des contributions.

Échéance des contributions.

Pour 1791.

Un douzième de la contribution est échu le
dernier de chaque mois, à commencer de celui

de janvier 1791 et suivant. (Titre 5 , art. 5 de la loi du 1er décembre 1790).

Pour 1792.

Un neuvième est échu le dernier de chaque mois , à commencer de celui de juillet 1792 et suivans , jusqu'au 31 mars 1793. (Art. 7 du décret du 20 mars 1792).

Pour 1793.

Un sixième est échu chaque mois , à compter du 1.er octobre 1793. (Art. 15 du décret du 3 août 1793).

Pour 1794.

Nota. Cet exercice est composé de huit mois vingt-un jours, qui se comptent du 1.er janvier 1794 au 21 septembre suivant. Cette coupure était indispensable pour faire correspondre les exercices avec l'ère républicaine ; le montant de cette contribution fut fixée aux trois quarts des cottes de 1793.

La contribution était payable par tiers le dernier jour des mois de pluviôse , ventôse et germinal. (Art. II du décret du 23 nivôse , an 3).

Pour l'an 3 (ou du 22 septembre 1794 , au 2 septembre 1795 , v. s.)

La contribution foncière fut fixée au taux de 1793. Pour les *biens ruraux*, c'est-à-dire, les terres, prés, bois, vignes, etc. ainsi que pour les moulins à grains, elle a été déclarée payable un demi en grains, valeur de 1790 et l'autre moitié en assignats valeur nominale. Celle des maisons et usines de toute espèce, (les moulins à grains exceptés) était payable en assignats valeur nominale.

La partie exigible en grains devait être acquittée dans les mois de brumaire et frimaire an 4.

Quant à la partie payable en assignats, l'époque des échéances n'en fut pas fixée. (Loi du 2 thermidor an 3, art. 3, 4, 5 et 7).

Mais la loi du 13 pluviôse an 4, détermine cette échéance au 30 germinal an 4, (art. 2).

An 4.

La contribution foncière a été déclarée payable en mandats, en totalité, suivant les cottes de l'an 3, à raison de la valeur de 10 livres de blé froment pour chaque franc de contribution. La moitié cependant pouvait être exigée en denrées par le directoire exécutif, et la partie qui n'était pas payable en denrées devait être acquittée, moitié avant le premier thermidor an 4, et moitié avant le premier pluviôse suivant.

Les maisons d'habitation seulement n'étaient assujéties à payer la contribution que moitié en assignats valeur nominale, ou en mandats valeur d'un capital pour 30, et l'autre moitié en mandats. Le directoire exécutif fut chargé de déterminer les époques de paiement en denrées. (Loi du 8 messidor an 4, art. 1.er, 2, 3, 4, 5 et 9). Par une autre loi du 21 messidor an 4, la livre de blé froment, dûe en mandats, fut fixée à 80 centimes (16 sous). Tous contribuables peuvent se libérer ainsi *pour les termes échus au premier fructidor.*

Enfin, le directoire exécutif, par un arrêté du 27 messidor an 4, détermina en vertu de l'autorisation qui lui était donnée, par la loi du 8 du même mois, que la moitié de la contribution de l'an 4 serait payée en nature d'après le prix de 1790, ou en numéraire.

Il est essentiel de remarquer que d'après ces dispositions, la moitié de la contribution de l'an 4 doit être payée en numéraire, un quart ou la moitié de la seconde moitié doit être octuplée, et la somme qui était payable en mandats doit être réduite au cours du 30 messidor an 4, puisqu'elle était exigible avant *le premier thermidor.* Enfin, le dernier quart doit être payé en numéraire, puisque ce terme n'était exigible qu'avant le premier pluviôse an

5 , et que d'après la loi du 21 messidor , les seuls *termes échus au premier fructidor pouvaient être payés* à raison de 80 centimes pour chaque livre de blé froment.

Exemple.

Contribution de l'an 4 , montant à 400 f.

La moitié doit être payée en numéraire , ci 200

Un quart exigible avant le premier thermidor , est de 100 f. 100

Cette somme octuplée donne celle de 800 f. en mandats , qui , au cours du 30 messidor an 4 , que l'on suppose être de 5 f. pour 100 f. , produit en numéraire , ci 40

Total en numéraire 340

A l'égard des années subséquentes , la contribution était payable en numéraire en totalité, n'y a pas eu lieu à réduction.

Il reste la difficulté suivante : rarement l'année de contribution correspond avec l'année de fermage ; cependant , comme nous l'avons observé , la contribution doit être supportée en proportion de la jouissance ; comment alors opérer pour la liquidation ? Le procédé est facile. Nous supposons que le 1.er février 1792, il a été vendu un domaine national imposé à 300 francs et affermé moyennant 1,200 francs de redevance annuelle , par bail commencé le premier novembre 1792 et fini le 30 octobre 1794.

Il a été stipulé dans la vente que les fermages seront divisés en proportion du tems de jouissance.

Dans cette espèce , la nation a joui de la totalité du fermage de 1791 , c'est-à-dire, du produit des récoltes ou jouissances qui ont eu lieu depuis le 1.er novembre 1790 jusqu'au 1.er novembre 1791. Elle a joui en outre d'un *prorata* de fermage de 1792 , depuis le 1.er novembre 1791 jusqu'au 1.er février 1792 , en tout 15 mois de jouissance.

Cependant , elle ne doit supporter de contribution que depuis le 1.er janvier 1791 jusqu'au 1.er janvier 1792 , et depuis cette dernière époque jusqu'au 1.er février suivant , ce qui fait en tout 13 mois.

On peut être surpris de voir dans cette liquidation la nation, qui a joui 15 mois , ne

payer que 13 mois de contribution , tandis
que l'acquéreur qui ne recevra que 9 mois sur
le fermage de 1792 , sera tenu de payer , pour
cette même année , 11 mois de contribution.

Tout cela s'explique en considérant que les
fermages étant divisibles par proportion de tems
doivent être compris jour par jour , comme
des loyers des maisons , et par conséquent que
la contribution doit être supportée suivant la
jouissance de chacun : or , la nation n'a joui
que jusqu'au 1.er février 1792 , elle a donc
payé tout ce qu'elle devait , en acquittant l'imposition jusqu'à cette époque.

L'acquéreur , de son côté , ne recevra , il est
vrai , que 9 mois de fermage , depuis le 1er février 1792 jusqu'au 1.er novembre suivant ,
mais il recevra encore les fermages depuis cette
dernière époque jusqu'au 1.er janvier 1793. Il
aura donc réellement joui de 11 mois , et il
ne payera pas plus qu'il ne doit.

ANNONCE.

Le gouvernement vient de nommer à la place de
conseiller d'état , le citoyen Duchatel, de la Gironde,
régisseur de l'enregistrement , et de le remplacer par
le citoyen Garnier-Deschènes , directeur à Versailles,
ex-membre du conseil de cinq-cents.

INSTRUCTIONS

DECADAIRES

Sur l'Enregistrement, Droits y réunis, et Domaines nationaux.

Rédigées par une Société d'Employés de la Régie de l'Enregistrement et du domaine national.

N°. 42.

ART. 328.

ENREGISTREMENT.

CAUTIONNEMENS.

Comment doit-on liquider les droits des caution-nemens fournis postérieurement à la loi du 22 frimaire an 7, pour l'exécution d'actes sous seing-privé antérieurs à cette loi ?

On a pensé que les mêmes lois qui ont réglé la liquidation des droits des actes, à raison desquels il était ensuite fourni cautionnement, devaient régler aussi celle des droits de ces cautionnemens. Nous ne croyons pas que cette opinion soit fondée; l'article 73 de la loi du 22 frimaire an 7, suivant lequel les lois antérieures doivent continuer d'être exécutées à l'égard des actes faits avant sa publication, ne peut s'appliquer qu'à ces actes et non à ceux qui, en étant la suite, sont passés postérieurement. C'est d'après les dispositions de la loi, actuellement existante, que doivent être réglées les perceptions des actes passés postérieurement à sa publication; mais ce droit pour les cautionnemens ne peut., dans aucun cas, excéder celui qui a été perçu pour l'acte ou la disposition de l'acte, que le cautionnement a pour objet.

ART. 329.

PARTAGES.

Les créances établies par billets sous seing-privé qui font partie de l'actif d'une succession, doivent-elles être enregistrées préalablement au partage entre les co-héritiers ?

Non : les billets ou reconnaissances sous seing-privé ne sont pas plus susceptibles d'être enregistrés, lorsque les héritiers les comprennent dans un partage , que lorsqu'ils les font comprendre dans un inventaire ; les abandons qu'ils s'en font entr'eux par des partages ne peuvent pas être non plus considérés comme énonciation des transports et cessions , mais comme de simples déclarations des droits de chacun.

A r t. 33o.

Les exoines sont-elles passibles du droit d'enregis-
trement ?

On appelle exoine un certificat ou autre acte qui prouve , que celui qui devrait comparaître en personne est dans l'impossibilité de de le faire , au moyen de quoi il est excusé : cet acte, s'il est produit au criminel ou pour l'excuse d'un témoin ou pour celle d'un juré , n'est passible d'aucun droit ; il tient alors essentiellement à l'instruction criminelle , et l'art. 70 de la loi du 22 frimaire an 7, §. 3, n°. 9 , déclare exempts de la formalité tous les actes concernant la police générale et de sûreté , et la vindicte publique.

Solution de la Régie , du 18 frimaire an 8.

Il en serait autrement si cet acte était produit au civil ; mais aux termes du n°, 51 du §. 1 de l'article 68 , il ne serait passible que du droit fixe de 1 franc , n'étant dénommé dans aucun autre §. ni article de la loi.

A r t. 331.

TIMBRE.

Les billets et obligations non négociables, faits sur papier non timbré avant la loi sur le timbre, mais qui, d'après l'article 30 de la loi du 13 brumaire an 7, doivent être présentés au visa ou au timbre extraordinaire avant de pouvoir être produits en justice, sont - ils soumis aujourd'hui au timbre de dimension ou au timbre proportionnel ?

L'article 6 de la loi du 6 prairial an 7, est ainsi conçu ;

« A compter de la publication de la présente, » les billets et obligations non négociables ne » pourront être faits que sur du papier du » timbre proportionnel, comme il en est usé » pour les billets à ordre, etc. etc. ».

Il est évident que dans cet article, il ne s'agit que de billets à faire, puisqu'il est dit : *Les billets ne pourront être faits*; or, les billets, dont il est question, étaient faits avant la loi du 6 prairial, puisqu'ils sont même antérieurs à la loi sur le timbre. Ils ne peuvent donc être fournis qu'au timbre de dimension, conformément à l'art. 30 de la loi du 13 brumaire an 7.

(Solution de la Régie, du 5 nivôse an 8).

ART. 332.

HYPOTHÈQUES.

DROIT DE RECHERCHE.

Un particulier demande à connaître s'il existe des inscriptions sur son débiteur , ou si son acquéreur a fait transcrire son contrat d'acquisition : il ne requiert ni extraits ni certificats. Le conservateur peut-il s'autoriser de l'article 58 de la loi du 22 frimaire sur l'enregistrement, pour exiger un franc pour droit de recherche? Telle est la question qui nous a été proposée par un conservateur.

RÉPONSE.

La disposition de l'art. 58 de la loi du 22 frimaire an 7, n'est point applicable dans l'hypothèse : en effet, l'article 51 de la loi du 11 brumaire, relatif à la publicité des registres des bureaux de la conservation des hypothèques, porte textuellement : « Les conservateurs sont » tenus de délivrer, quand ils en sont requis, la » copie des actes transcrits sur leurs registres, » ainsi que l'état des inscriptions subsistantes, » ou le certificat qu'il n'en existe aucune ».

Cette disposition n'a rien changé à l'ancienne législation, établie par l'édit de 1771, suivant laquelle les conservateurs ne devaient donner les résultats des registres des hypothèques qu'en extraits ou certificats négatifs. Le mode de publicité des hypothèques est déterminé par la loi : elle veut que tout citoyen puisse obtenir des extraits d'inscriptions, ou des certificats qu'il n'en existe aucune ; mais elle n'autorise pas à exiger une communication verbale ou confidentielle de la situation des citoyens sur lesquels un intérêt particulier porterait à prendre des informations.

Ainsi, les conservateurs ayant droit, dans ce cas, de refuser de donner cette connaissance verbalement, ils ne peuvent réclamer aucun droit de recherche s'ils la font volontairement ; mais ils peuvent exiger les droits qui leur sont attribués par l'article 15 de la loi du 21 ventôse an 7, en délivrant les extraits qu'on leur demande.

ART. 333.

DÉPÔTS DES RÉPERTOIRES.

Les greffiers des tribunaux civils sont-ils tenus de rédiger acte du dépôt que les notaires font du double de leur répertoire.

L'article 43 de la loi du 22 frimaire an 7

défend bien aux greffiers de recevoir un acte en
dépôt sans rédiger acte du dépôt; mais un
répertoire est-il un acte?

RÉPONSE.

Le double d'un répertoire n'est point un acte.
Ce double est remis au greffe, en conformité
de la loi. On doit considérer ce fait d'exécution de la loi, plutôt comme une remise que
comme un dépôt. Il n'y a donc lieu, sous aucun
rapport, à en dresser acte; et ce n'est neullmrnt
le cas de l'application de l'art. 43 de la loi du
22 frimaire, ni de percevoir aucuns droits d'enregistrement, ni de greffe.

C'est, au surplus, au tribunal et au greffier
à adopter un mode pour constater la remise du
double des répertoires,

(*Ainsi décidé par la Régie, le 25 frimaire
an 8.*)

ART. 334.

VENTES DE MEUBLES.

*Les administrations départementales et municipales
peuvent-elles commettre d'autres citoyens que des
huissiers, notaires et greffiers pour procéder aux
ventes de fruits pendans par racine, dont partie
appartient aux communes et partie à des individus.*

Les préposés à ces ventes sont-ils tenus de faire préalablement la déclaration prescrite par l'article 2 de la loi du 22 pluviôse an 7 ?

La réponse du ministre des finances, du 17 frimaire dernier, sur ces deux questions, proposées à la Régie par le directeur du département des Ardennes, est ainsi conçue :

« Il vous a été adressé, le 28 germinal,
» an 7, copie d'une lettre par laquelle un de
» mes prédécesseurs a marqué, le 26 du même
» mois, à l'administration du département de
» l'Aube, que l'art. 9 de la loi du 22 pluviôse,
» qui dispense les officiers publics, ayant à
» procéder aux ventes du mobilier national et à
» celles des effets du Mont-de-Piété, de la dé-
» claration prescrite par l'art. 2 de cette loi,
» devait s'appliquer aux ventes des récoltes et
» autres revenus communaux, n'importe par
» qui elles se font.

» Cette décision, dont je ne puis qu'adopter
» les principes, résout vos deux questions.
» Ainsi, il n'y a nulle difficulté à considérer
» comme officiers publics *ad hoc* tous ceux que
» les administrations chargent de procéder à des
» ventes du mobilier national ou communal,
» et à admettre qu'ils sont dispensés de la décla-
» ration ordonnée par l'art. 2 de la loi du 22
» pluviôse ».

ART. 335.

Dans les ventes publiques à l'encan, chaque objet adjugé doit être porté de suite au procès-verbal ; le prix doit y être inscrit en toutes lettres et tiré hors ligne en chiffres.

Ce principe, consacré par toutes les lois anciennes et nouvelles, est souvent éludé par la mauvaise-foi.

Il arrive souvent dans les encans publics, que le nombre des objets portés au procès-verbal de vente, est inférieur à celui des objets réellement exposés en vente et délivrés, ou que plusieurs articles sont portés pour mémoire. Les huissiers préposés aux ventes, croient excuser les infractions, en disant que les objets omis dans le procès-verbal n'ont point été délivrés ni adjugés, mais qu'ils ont été retirés pour le compte du propriétaire.

Les ventes que nous faisons, ajoutent-ils, ne sont point forcées ; les propriétaires voyant que les enchères ne portent pas les objets à leur valeur, *surdisent* eux-mêmes ou font *surdire* ; ils n'ont que ce moyen pour empêcher que des objets ne leur soient enlevés à un prix fort au-dessous de leur valeur. Si l'on suivait à la rigueur l'art. 5 de la loi du 22 pluviôse an 7, le même objet étant remis en vente plusieurs fois, le produit en passerait tout entier au fisc ;

le principe ne peut s'appliquer qu'aux objets vendus, et ceux dont il s'agit ne le sont point, puisque le propriétaire n'a point été dépouillé par l'adjudication ; pour avoir été soumis aux enchères, il n'est pas certain que les objets doivent être nécessairement vendus ; enfin, des acheteurs qui s'entendraient entr'eux pourraient ruiner le propriétaire, en le mettant dans l'alternative ou de laisser adjuger à vil prix, ou de payer plusieurs fois les droits d'enregistrement de mutations qui n'auraient point existé. Tous ces raisonnemens tombent d'eux-mêmes.

1°. L'article 5 de la loi du 22 pluviôse an 7, porte expressément, que *chaque objet adjugé sera porté de suite au procès-verbal, le prix y sera écrit en toutes lettres, et tiré hors ligne en chiffres.* L'art. 7 prononce une amende de cent francs pour chaque article adjugé et non porté au procès-verbal de vente.

L'art. 10, en n'abrogeant que les dispositions des lois antérieures qui sont contraires à celles-ci, laisse dans son entier et dans toute sa force l'arrêt du conseil-d'état du 13 novembre 1778, rappelé par l'arrêté du directoire exécutif du 27 nivôse an 5, et dont voici les dispositions :

« Les officiers publics seront tenus de com-
» prendre, dans les procès-verbaux, tous les

» articles exposés en vente , tant ceux par eux
» adjugés , soit en totalité ou sur simple échan-
» tillon , que ceux *retirés* ou livrés par les pro-
» priétaires ou héritiers pour le prix de l'enchère
» ou de la prisée ».

Que peut-on opposer à des dispositions aussi
précises ?

Vainement on allègue que les objets ont été
retirés par les propriétaires; il n'y a pas moins
eu une adjudication, car si ces propriétaires
n'avaient point fait couvrir les enchères, les pé-
nultièmes enchérisseurs auraient le droit de se
faire délivrer les objets.

D'ailleurs , il n'est personne qui ne voie combien de fraudes pourraient s'introduire par cette
voie. Par la collusion des officiers procédant à la
vente, on pourrait toujours simuler un retrait
de la part des propriétaires , et délivrer ensuite
les objets retirés aux étrangers qui auraient fait
les dernières enchères.

L'intérêt du trésor public exige impérieuse-
ment l'exécution de l'art. 5 de la loi du 22
pluviôse an 7 , et l'application de l'art. 7 de la
même loi contre tous les officiers publics qui y
contreviennent, sous quelque prétexte que ce
soit.

(*Décision de la Régie , du 29 vendémiaire an 8.*)

ART. 336.

DOMAINES NATIONAUX.

POURSUITES.

Comment doit-on procéder contre les communes dé-
bitrices envers la nation, de rentes, créances ou
sommes indûement perçues ?

La loi du 11 frimaire an 7, qui fixe le mode admi-
nistratif des recettes et dépenses départementales,
municipales et communales, veut, article 50, que
dans les communes faisant partie d'un canton, les recettes communales soient faites par le percepteur des
contributions directes, et les dépenses acquittées par
lui sur les mandemens de l'agent municipal.

Suivant l'article 55, les recettes municipales dans
les cantons composés de plusieurs communes doivent
être faites par le secrétaire de l'administration municipale.

A l'égard des communes formant à elles seules un
canton, les articles 55 et 56 ordonnent que l'administration municipale ou le bureau central, s'il en existe
un, établira un préposé spécial pour les recettes municipales et communales réunies.

Cette organisation indique la marche à suivre pour
contraindre une commune au paiement des sommes
qu'elle serait reconnue devoir à la république. La
contrainte signifiée à l'agent de la commune, doit
être dénoncée, soit au percepteur des contributions
directes, soit au secrétaire de l'administration muni-

cipale, soit au préposé spécial établi pour les recettes municipales et communales, avec commandement de payer, et, à défaut d'y satisfaire, cet agent doit être personnellement poursuivi pour le paiement ; en cas d'opposition de sa part ou de celle de l'administration municipale, l'instance serait instruite et suivie dans la même forme que pour les receveurs de domaines nationaux.

A R T.   337.

T R A I T E M E N S   E T   R E M I S E S.

L'exécution de la loi du premier thermidor, relative aux retenues progressives sur les traitemens des employés de la république, a donné lieu à cette question.

Les receveurs de l'enregistrement ont-ils l'option de s'en tenir à la fixation qui opère une réduction plus favorable à leurs intérêts ? Par exemple, si la remise d'un receveur a été liquidée à 2040 fr., il éprouve une réduction de 340 fr., et il ne lui est alloué que 1700 fr. ; tandis que celui dont la remise ne monte qu'à 2000 francs reçoit 1860 francs.

Dans ce cas et dans tous ceux où les receveurs peuvent être moins favorablement traités que ceux dont les remises sont même au-dessous, ont-ils la faculté de préferer la fixation inférieure, en abandonnant l'excédent qui leur ferait supporter une réduction plus onéreuse? Et s'ils ont cette faculté, comme ce qui est juste pour l'an 8, doit également l'être proportionnellement pour les deux mois de l'an 7 : les quittances du trimestre de messidor doivent-elles être en conséquence rectifiées ?

Réponse.

La loi du 1er. thermidor an 7 a fixé une retenue progressive sur les traitemens et les remises des employés ; ainsi, lorsque les remises des receveurs de l'enregistrement ont atteint les fixations, elles doivent sans nul doute supporter la même retenue assignée aux traitemens fixes ; et de même qu'un salarié à 2100 francs astreint à la retenue du sixième, ne peut point s'en tenir à un traitement de 2000 francs pour ne subir qu'une retenue du dixième ; de même le receveur à remise ne peut pas avoir l'option de s'en tenir à une fixation inférieure, lorsque l'abandon de l'excédent qui procurerait une réduction moins onéreuse.

C'est dans ce sens que le Régie a répondu, lorsqu'elle a été consultée sur cette question.

On a demandé également si, lorsque deux ou plusieurs receveurs ont exercé le même bureau dans le cours de l'année, on pouvait leur faire supporter à tous deux, dans la proportion du tems d'exercice, la rétenue ordonnée par la loi du 1er. thermidor. On opposait que cette loi ne pouvait avoir un effet rétroactif, et que ce serait lui en donner un que de l'appliquer à un receveur qui a exercé avant le 1er. thermidor. Mais la Régie a décidé que le montant de cette retenue devait être réparti proportionnellement entre les receveurs qui ont exercé dans le cours d'une année, et elle s'est fondée sur ce que les remises ne se règlent pas sur la quotité des recettes, mais sur le tems d'exercice ; ainsi, il est de justice rigoureuse que le receveur qui participe aux remises accordées pour les mois de thermidor et fructidor, partage aussi les charges et les retenues, dont ces remises peuvent être grevées.

ART. 338.

LOIS NOUVELLES
RELATIVES AUX FINANCES.

Débets des comptables durant le cours du papier monnaie.

Une loi du 23 frimaire an 8, porte que les comptables qui se sont acquittés de leur débet envers la République durant le cours forcé du papier-monnaie, sont valablement libérés.

Rôles de la contribution foncière de l'an 8.

Une loi du 30 frimaire an 8, ordonne que les rôles pour la contribution foncière de l'an 8, tant en principal que centimes additionnels, ne consisteront qu'en une simple copie de ceux de l'an 7.

Edifices destinés à l'exercice d'un culte.

Un arrêté des Consuls, du 7 nivôse an 8, porte que les citoyens des communes qui étaient en possession, au premier jour de l'an 2, d'édifices originairement destinés à l'exercice d'un culte, continueront à en user librement, sous la surveillance des autorités constituées, pourvu que lesdits édifices n'aient point été aliénés jusqu'à présent, auquel cas les acquéreurs ne pourront être troublés ni inquiétés.

ERRATA du N°. 41.

Pag. 69, *avant-dernière ligne*, *lisez* autres recettes de diverses natures, *au lieu de* autres dépenses de diverses natures.

Page 76, *troisième ligne*, *au lieu de* un demi en grains, *lisez* une moitié en grains.

Pag. 78, *l'exemple donné doit être lu comme il suit :*

Contribution de l'an 4, montant à 400 fr.
La moitié doit être payée en numéraire, ci.. 200 fr.
Le quart exigible avant le premier thermidor an 4, est de 100 fr. Cette somme, octuplée, donne celle de 800 fr. en mandats, qui au cours du 30 messidor an 4, que l'on suppose être de 5 fr. par 100 fr., produit en numéraire . . . . 40 fr.
Le dernier quart, exigible avant le premier pluviôse an 5, en numéraire. . . . . . 100 fr.

Total en numéraire. . 340 fr.

Même page, lig. 19, *au lieu de* n'y a pas lieu à réduction, *lisez*, il n'y a pas lieu à réduction.

Page 79, *septième ligne*, *au lieu de* premier novembre 1792, *lisez*, premier novembre 1791.

INSTRUCTIONS

DECADAIRES

Sur l'Enregistrement, Droits y réunis, et Domaines nationaux.

Rédigées par une Société d'Employés de la Régie de l'Enregistrement et du domaine national.

N°. 43.

ART. 339.

ENREGISTREMENT.

CAUTIONNEMENS.

Question proposée.

,, Le droit dû pour les cautionnemens est exi-
,, gible sur la convention qui en produit *directe-*
,, *ment* les effets, quoiqu'elle ne soit point énon-
,, cée dans l'acte, sous cette *dénomination.* ,,

7

Le nombre 8, parag. 2 de l'art. 69 de la loi du 22 frimaire an 7, tarife à 50 cent. par 100 fr. les cautionnemens de sommes et objets mobiliers. Ce droit ne peut excéder celui de la disposition qu'il a pour objet. Enfin, il n'est dû qu'un demi-droit pour les cautionnemens des comptables envers l'*Etat*.

Pour éluder le droit du cautionnement, des notaires rédigent, en ces termes, les actes d'emprunt passés devant eux :

Obligation par Jules et Honoré, au profit de Henry, d'une somme de 1,000 francs, retirée par Jules, laquelle somme les contractans s'engagent solidairement de rendre aux époques fixées.

Ces notaires prétendent qu'il n'est dû pour ces actes, qu'un droit d'enregistrement d'un franc pour cent francs, comme *obligation*, attendu que les débiteurs sont co-emprunteurs et co-obligés solidaires, et que l'obligation ne contient pas de cautionnement. Cette prétention n'est point fondée : quoique Jules et Honoré se soient obligés solidairement envers Henri, ils ne sont pas *co-emprunteurs*, puisque Jules a touché seul la somme dont il disposera. D'un autre côté, Honoré, contraint au paiement, aurait une action récursoire et en garantie contre Jules, pour la totalité du prêt, tandis qu'il ne l'aurait que pour sa moitié dans la somme intégrale, en supposant qu'il l'eût remboursée, si l'emprunt eût été ouvert par égale portion. Ce n'est donc pas une simple obligation contractée par deux individus envers un tiers. C'est une garantie de la part d'Honoré envers Henri. L'acte présente les caractères du cautionnement, qui contient un service gratuit; il en produit les effets, Honoré pouvant être obligé de remplir, avec Jules, l'obligation qu'ils ont souscrite. Ainsi, le droit tarifé pour les cautionnemens, est dû, indépendamment de celui exigible pour l'obligation pour les actes d'emprunt de l'espèce dont il s'agit. C'est l'opinion des rédacteurs.

ART. 340.

ACTES CONTENANT PLUSIEURS DISPOSITIONS.

Dans un contrat de vente l'on compense une partie du prix avec une somme due par le vendeur à l'acquéreur. Cette disposition opère-t-elle un droit particulier d'enregistrement, comme quittance de libération.

L'on nous a proposé l'exemple suivant :

» Le citoyen N,.,.. vend un immeuble à
» la citoyenne L... Le citoyen N.... comme
» fermier de la citoyenne L... lui doit 2,934

» francs pour arrérages de fermages , que l'on
» impute sur le prix de la vente , au moyen de
» quoi le citoyen N.., est déclaré libéré. »

L'on a soutenu qu'il était dû un droit particulier pour cette quittance de libération, fondé
sur ce que l'article 10 de la loi du 22 frimaire
an 7, n'excepte que les quittances données par
le vendeur à l'acquéreur; mais celles de l'acquéreur au vendeur, qui ne dérivent pas nécessairement du contrat de vente, doivent être soumises au droit.

Cette opinion n'est pas fondée. Dans l'espèce, il ne s'agit point d'une vente ordinaire,
mais d'un contrat de *dation en paiement* équi-
pollent à vente. Car la citoyenne L.... qui
reçoit l'héritage en paiement, donne en échange
l'action qu'elle avait de suivre le recouvrement
de sa créance. Le citoyen N... vend son immeuble, et le prix qui lui est dû se compense
de plein droit avec l'argent qu'il doit à l'acheteur, et lui acquiert sa libération. Ainsi, dans
le contrat de dation en paiement , c'est l'acquéreur qui donne quittance, et cette quittance
dérive nécessairement de l'acte , comme la quittance donnée par le vendeur , dérive de la
vente ordinaire ; elle n'est donc passible d'aucun
droit.

ART. 341.

MUTATION PAR DÉCÈS.

Les rentes foncières doivent-elles être déclarées au bureau du domicile du décédé, ou à celui de la situation des biens sur lesquels la rente est assise ?

L'article 27 de la loi du 22 frimaire an 7, qui porte que *les rentes et autres biens-meubles, sans assiette déterminée lors du décès, seront déclarées au bureau du domicile du décédé*, a donné lieu au raisonnement suivant : Les seules rentes sans assiette déterminée doivent être déclarées au bureau du domicile.

Or, les rentes foncières ont une assiette déterminée, elles reposent sur le fonds qui en est grévé. Le deeret du 18 décembre 1790, qui en permet le rachat, n'a rien changé à la nature des rentes; et à défaut de paiement, le bailleur a droit de se faire mettre en possession, comme ayant conservé *jus in re* ; elles doivent donc être déclarées au bureau de la situation des biens. Ce raisonnement est plus ingénieux que solide. En effet, la loi du 11 brumaire an 7, a déclaré que les rentes ne seraient plus à l'avenir frappées d'hypothèques; et par-là, elle a changé la nature des rentes en les mobilisant. (la loi du 18 dé-

cembre 1790 avait permis de les racheter.) Il
n'est donc pas exactde soutenir que le propriétaire de la rente ait conservé *jus in re*; il ne lui
est resté qu'une hypothèque spéciale , qu'il a
même perdue , s'il n'a fait inscrire sa créance
en tems utile, et il rentre aujourd'hui dans la
classe des créanciers ordinaires. Ainsi , tous les
anciens principes se trouvent abrogés par les lois
des 11 brumaire et 22 frimaire an 7 : les rentes
foncières, comme toutes les autres rentes, sont
de nature mobiliaire, et la déclaration doit en
être faite au bureau de l'arrondissement du domicile du décédé.

(Solution de la Régie ; du 15 nivôse an 8.)

ART. 342.

ÈCHANGE.

Pierre et Vincent échangent entr'eux l'usufruit
d'un domaine , contre la propriété et l'usufruit
d'un autre domaine moins considérable. Paul ,
auquel appartient la nue propriété du domaine
dont Pierre cède l'usufruit, intervient dans l'acte
pour consentir que la jouissance soit transportée
sur la tête de Vincent , et conséquemment de
ne rentrer dans la jouissance de son domaine
qu'après le décès de ce dernier. Ce consente-

ment, pur et simple, donne-t-il lieu au droit proportionnel ?

La Régie a décidé, le 2 nivose an 8, qu'il n'opérait que le droit fixe d'un franc, parce que Vincent ne reçoit aucun prix, qu'on ne peut lui supposer l'intention de faire une donation, et que c'est ici une clause purement aléatoire.

ART. 343.

JUGEMENS ANTERIEURS A LA LOI DU 22 FRIMAIRE AN VII.

Un jugement rendu avant la publication de la loi du 22 frimaire an 7, porte condamnation à la somme de 9 francs, pour bois vendus sans titre. De quel droit est-il passible ?

Suivant l'article 46 de la loi du 9 vendémiaire an 6, le droit des jugemens, contenant condamnation non-fondée sur un titre enregistré, doit être le même que celui auquel aurait été soumise la convention rappelée. Mais la loi du 19 décembre 1790, à laquelle renvoie celle du 9 vendémiaire an 6, assujétit les expéditions des jugemens des tribunaux de district, dont il résultera condamnation, à 25 centimes pour 100, sans que, dans aucun cas, le droit puisse être moindre d'un franc.

Il est donc dû sur ce jugement le droit d'un
franc ; plus, le double droit d'un franc pour
n'avoir pas été enregistré dans les délais.

ART. 344.

DÉCLARATION D'EMPLOI DE DENIERS.

*Dans un contrat d'acquisition , la déclaration faite
par l'acquéreur , que tout ou partie du prix provient
des deniers de sa femme , est-elle sujette au droit
d'un franc par 100 , comme assignat au profit de
cette dernière ?*

La déclaration d'emploi des deniers de la
femme lui assure , selon les circonstances, ou la
propriété des biens acquis ou seulement un pri-
vilége ; mais, dans aucun cas, elle ne peut
donner ouverture au droit proportionnel d'un
pour cent. En effet, si la femme accepte le rem-
ploi , elle devient elle-même propriétaire , et il
ne peut être perçu que le droit résultant de
l'acquisition qui est faite en son nom personnel,
sous l'autorisation du mari ; si, au contraire ,
elle n'accepte pas, l'héritage acquis entre pleine-
ment dans la communauté , et la déclaration
d'emploi ne lui confère aucun droit nouveau,
puisque le mari ou sa succession lui doivent

compte de tous ses deniers qui n'entrent point dans la communauté, soit qu'il y ait ou non déclaration d'emploi dans les contrats d'acquisition faits par le mari.

Nous observons qu'il serait dû un droit particulier de 50 cent. par 100 fr., comme quittance, si la déclaration faite par le mari que les deniers de sa femme lui proviennent du remboursement ou paiement à lui fait par un tel, n'énonçait pas le titre enregistré.

A R T. 345.

H Y P O T H È Q U E S.

Les conservateurs des hypothèques doivent-ils exiger la remise d'une expédition des procurations passées avec minute, qui leur sont présentées pour enregistrer un changement d'élection de domicile, ou la RADIATION D'UNE INSCRIPTION ?

L'usage constant, suivi par toutes les autorités constituées, suffit pour établir la négative de la proposition. La trésorerie nationale elle-même, dont les agens sont assujétis à des comptes exacts, ne justifie la qualité des individus qui touchent pour des tiers, que par l'énonciation de la procuration, lorsqu'elle est passée en minute,

Ce serait entraver les transactions *que de forcer un fondé de pouvoir à se munir* d'autant d'expéditions de procuration, qu'il y aurait d'objets particuliers dans son mandat à remplir.

La représentation de l'acte notarié constate suffisamment que les pouvoirs ont été donnés; la preuve serait facile à établir au moyen de la minute qui reste entre les mains du notaire; mais cette preuve même ne pourrait être imposée au conservateur, par la raison qu'aucune loi ne l'autorise à se faire remettre l'expédition de la procuration. Il n'a donc, sous ce rapport, aucun intérêt à l'exiger, et nous pensons qu'il n'en a pas le droit.

La loi du 11 brumaire an 7, sur le régime hypothécaire, prévoit les cas dans lesquels on doit exiger, pour les formalités qu'elle autorise, le dépôt de quelques pièces. L'article 25 prescrit de *déposer l'expédition de l'acte authentique du consentement ou celle du jugement* en conséquence desquels il doit être procédé à une radiation d'inscription. Mais cette obligation ne frappe que sur le *consentement* et non sur la procuration en vertu de laquelle il aurait été souscrit. L'un est distinct de l'autre. La procuration n'est point l'acte en conséquence duquel le con-

servateur peut radier , il faut que , par suite de
son pouvoir, le mandataire ait donné un consentement pour le créancier; et c'est l'expédition de ce dernier acte qui doit demeurer au
bureau. Voilà ce que veut , et tout ce que veut
la loi. Il n'existe plus, pour ce dépôt, l'inconvénient qui se rencontre à retenir l'expédition de la procuration. L'acte de main-levée n'a
qu'un seul objet, qui est la radiation de l'inscription. Aussitôt qu'elle s'effectue l'acte de consentement devient inutile à tout autre qu'au
conservateur : au contraire, la procuration contient presque toujours plusieurs objets à remplir par le mandataire, pour l'exécution de
chacun desquels le fondé de pouvoir a également besoin de la représenter.

A r t. 346.

P A T E N T E S,

*Les greffiers des tribunaux ne sont pas soumis à la
patente, quand même ils procéderaient à des ventes
volontaires de meubles, à l'encan et par enchères
publiques.*

Dans le n°. 15 des *Instructions Décadaires*, nous
avons donné connaissance à nos abonnés d'une solution de la Régie, du 29 ventose an 7, d'après la-

quelle les greffiers qui procédaient aux ventes volontaires de meubles, étaient assimilés aux huissiers-priseurs; et comme tels, tenus de prendre une patente
de troisième classe.

Depuis, les régisseurs ont eu occasion d'examiner
de nouveau cette question, et ils ont pensé que la loi
du 1er. brumaire an 7, n'ayant pas assujéti les greffiers à la patente, on ne pouvait exiger d'eux qu'ils
payassent ce droit, sous prétexte qu'ils procéderaient
à quelques ventes volontaires. Il n'est pas juste d'assimiler ces officiers aux huissiers-priseurs, dont les
seules, ou au moins les principales fonctions sont de
faire les prisées et ventes publiques, tandis que les
greffiers n'en font qu'accidentellement; il répugne
d'ailleurs d'exiger de ceux-ci, un droit proportionnel
de patente, pour une modique rétribution qu'ils recevront dans une année, pour avoir fait une ou deux
ventes; enfin, les greffiers sont fonctionnaires dans
l'ordre judiciaire, ils ne doivent ni ne peuvent, sous
ce rapport, être soumis à la patente. Cette opinion est
confirmée par une lettre du ministre des finances à
l'administration centrale des Vosges, en date du 27
frimaire dernier, qui porte : *Les greffiers qui font
des ventes de meubles ne sont point sujets à la patente*, et par un jugement du tribunal civil du département de l'Eure et Loir.

A R T. 347.

DROITS SUR LES VOITURES PUBLIQUES.

Quelle est la quotité du droit à percevoir pour une voiture à quatre roues, mais seulement à deux places ?

L'article 70 de la loi du 9 vendémiaire an 6, a déterminé, d'une manière progressive, le droit fixe à percevoir sur les voitures suspendues partant d'occasion ou à volonté, ensorte qu'une voiture à deux roues, mais contenant autant de places qu'une voiture à quatre roues, paye néanmoins un droit moins fort que cette dernière ; cette différence a donné lieu à la question de savoir si c'était sur le nombre des roues d'une voiture, ou seulement sur celui des places que portait la progression du droit, et le tarif ne déterminant le droit à payer sur deux places que pour les voitures à deux roues ; l'on a demandé quel droit devait payer une voiture à quatre roues, mais seulement à deux places.

Le ministre des finances, consulté sur cette question, a décidé, le 7 de ce mois, que le droit de 20 fr. était le seul qui lui fût applicable.

Cette quotité étant celle déterminée pour les voitures à deux roues et à deux places ; cette décision prouve que le tarif est plutôt établi sur le nombre des places que sur celui des roues. En effet, le droit fixe est pour les voitures partant d'occasion ou à volonté, ce que le droit proportionnel est pour les voitures publiques partant à jour et heures fixes et pour des lieux déterminés ; or ce droit est réglé au dixième du prix des places.

A R T. 348.

LOIS NOUVELLES RELATIVES AUX FINANCES.

Actes concernant la liquidation de la dette pu-
blique.

Une loi du 26 frimaire an 8, dispense des formalités du timbre et de l'enregistrement les actes sous
seing-privé, tendant uniquement à la liquidation de
la dette publique, ainsi que les actes des administrations et commissaires - liquidateurs relatifs à cette
liquidation.

Nouveau tarif pour la poste aux lettres.

Une loi du 27 frimaire an 8, détermine une nou-
velle taxe des lettres, conforme aux nouveaux poids
et mesures. Le prix de la lettre simple, est, jusqu'à
cent kilomètres inclusivement. (25 lieues)
de 2 décimes, ci. 2 d.
De 100 à 200. . . . . 3 d.
De 200 à 300. . . . . 4 d.
De 300 à 400. . . . . 5 d.
De 400 à 500. . . . . 6 d.
De 500 à 600. . . . . 7 d.
De 600 à 800. . . . . 8 d.
De 800 à 1000. . . . . 9 d.
Au-dessus de 1000. . . . . 1 £ o d.

Les lettres du poids de 7 grammes, (1 gros 60 grains)
sont taxées comme lettres simples; celles de 7 à 10
grammes exclusivement, (1 gros 60 grains à 2 gros 44
grains) paieront un décime en sus du port simple; celles
de 10 à 15 gramm. (2 gros 44 grains à 1 once 5 gros

5 grains) moitié en sus du port simple, et ainsi de suite, de 5 en 5 gramm. jusqu'au poids de 100 gram. (3 onces 2 gros 11 grains) de 100 gram. à 200 gram. (6 onces 4 gros 21 grains) par chaque poids de 10 grammes, la moitié du port simple en sus; à 200 gram. une fois le port en sus, pour chaque 30 grammes.

A dater du 1er. germinal an 8, les lettres seront taxées en francs et décimes. Les fractions au-dessous de 5 centimes ne pourront être exigées. Si la fraction est de 5 centimes ou au-dessus, il sera exigé un décime.

A V I S.

Par une circulaire du 13 de ce mois, n°. 1736, la Régie a changé la formule des Mémoires de tournée et de contre-tournée que prescrivait l'article 252 des ordres généraux de régie.

Les directeurs sont dispensés à l'avenir d'y rappeler l'analyse des Circulaires qu'ils auront reçues pendant le trimestre; ils y inséreront seulement le n°., la date et l'enregistrement des Circulaires, de manière que chaque receveur puisse maintenir au courant sa table alphabétique et chronologique.

Cette disposition ne permettant plus de continuer la forme de rédaction que nous avions adoptée pour les Mémoires de tournée, puisque ceux-ci ne se composeront à l'avenir que d'instructions ou ordres particuliers, nous prévenons nos Abonnés, que nous ferons imprimer pour chaque trimestre, à compter du courant, la table chronologique dans la même forme que celle que la Régie a envoyé à tous les receveurs ; et au moyen de la continuation que nous en avons faite jusqu'au 1er. nivose dernier, et dont la distribution sera incessamment annoncée, chaque receveur se trouvera toujours au courant.

Le prix de l'abonnement par chaque trimestre, est de 60 centimes par exemplaire, y compris la table alphabétique. Nous invitons les directeurs et tous les autres employés qui désireront se procurer cette table, à nous faire connaître leurs intentions le plutôt possible.

ANNONCE.

Un jeune homme âgé de 31 ans, connaissant les belles-lettres, ayant été chargé pendant plus de 5 ans de toutes les parties de la comptabilité dans un hôpital militaire ; ayant ensuite travaillé pendant deux ans avec un vérificateur de l'enregistrement, qui fit, pendant ce laps de tems, quatre tournées d'inspecteur, et , plus nouvellement encore, ayant travaillé comme chef de bureau et mis entièrement au courant de la partie des hypothèques, dans un chef - lieu de département, depuis la mise en activité de la nouvelle organisation de cette partie, c'est-à-dire, pendant 9 mois ; et possédant de tous ses différens services les certificats les plus satisfaisans :

Désirerait trouver une place de commis dans une direction, ou dans un bureau de chef-lieu de département.

INSTRUCTIONS

DECADAIRES

Sur l'Enregistrement, Droits y réunis, et Domaines nationaux.

Rédigées par une Société d'Employés de la Régie de l'Enregistrement et du domaine national.

Nº. 44.

ART. 349.

ENREGISTREMENT.

MUTATION PAR DECES.

Les héritiers légitimes qui ne conservent aucun avantage de la succession qu'ils sont appelés à recueillir, sont-ils tenus d'en acquitter les droits ?

Un exemple précisera cette question.

8

François et Paul ont accepté , sous bénéfice d'inventaire, la succession de leur père; ils ont ensuite passé un acte avec leur mère, par lequel il est dit que les biens-fonds, meubles, créances et autres objets dépendans de la succession ne suffisent pas pour la remplir de ses reprises, ils lui font l'abandon de l'hérédité.

Fondés sur ce que, d'après l'article 32 du titre 3 de la loi du 22 frimaire an 7, la nation a action sur les revenus des biens à déclarer, en quelques mains qu'ils se trouvent , ces héritiers prétendent n'avoir rien à payer , attendu qu'ils ont abandonné la totalité de la succession.

C'est une erreur. Les droits d'enregistrement sont dûs à cause de la mutation qui s'est opérée en faveur des enfans, par l'effet de la mort du père; on ne peut contester que ceux-ci n'ont été nantis de la succession, et qu'ils ont pu en disposer à leur gré, à condition d'en supporter les charges; ce qui le prouve, c'est qu'ils en ont fait la cession volontaire en paiement des reprises dues à leur mère.

Les dispositions de l'art. 32 de la loi ne sont que facultatives; elles ne peuvent éteindre l'action que la nation conserve contre le débiteur direct; elles ont pour objet de conserver l'hypothèque du droit, de lui faire suivre l'objet sur lequel il frappe, et de la grever du paiement en quelques mains qu'il passe ; mais le véritable débiteur ne peut en induire qu'il est affranchi du droit auquel la mutation opérée en sa faveur donne lieu ; le possesseur (dans le cas où il est attaqué) a le droit d'exercer son recours contre le vendeur ou cédant.

Il n'en serait pas de même si les héritiers légitimes avaient répudié la succession, dés-lors ils sont dépouillés du droit que la nature ou les actes leur ont transmis, la succession passe sur la tête d'un des autres héritiers habiles à succéder, parmi lesquels sont compris la veuve ou le mari survivant, en vertu de la loi, *undè vivet uxor*. Et à défaut, la nation a titre de déshérence ; mais, dans aucun cas la veuve ne peut, pour ses reprises, s'emparer de la succession ; elle n'a qu'un droit d'hypothèque ; elle l'exerce par acte volontaire ou en justice.

Nous pensons donc que dans l'espèce présente, ses héritiers sont tenus du paiement des droits de la succession de leur père ; mais qu'il est libre au receveur de l'enregistrement d'en former la demande, soit contr'eux, soit contre la veuve, qui, en vertu de la cession, se trouve en possession de l'hérédité.

ART. 350.

Le cautionnement que les adjudicataires de biens nationaux sont tenus de fournir lorsqu'ils paient le montant de leur adjudication en certificats de dépôt de titre de créances sur la république, non-liquidées, est-il passible du droit fixe ou du droit proportionnel d'enregistrement.

On a prétendu que dans l'espèce, l'objet du cautionnement était de garantir à la république non le prix de la vente du domaine; attendu que sa valeur foncière forme une caution suffisante, mais seulement le montant des fruits et des bois à couper; et on s'est appuyé des dispositions des art. 65 et 66 de la loi du 24 frimaire an 6, sur la liquidation de l'arriéré de la dette publique : il a été observé aussi que cette nature de cautionnement n'était pas du fait des adjudicataires; que le gouvernement était forcé de l'exiger à raison de la multiplicité des liquidations, et que, dès-lors cette mesure ne paraissait pas devoir être onéreuse à ceux qui se trouvaient à-la-fois adjudicataires et créanciers.

Pour détruire ce raisonnement il suffit de rapprocher les dispositions des lois.

Celle du 24 frimaire an 6 veut, art. 65, que dans le cas où par le résultat de la liquida-

tion tout ou partie de la créance se trouve
rejetée, l'adjudicataire et sa caution soient poursuivis *à l'instant en paiement du prix de l'adjudication*, sans qu'ils puissent obtenir aucun
délai, et que s'ils n'acquittent pas, dans la décade de l'avertissement qui leur sera donné, la
portion du prix du domaine dont ils restent
à découvert par le rejet de la liquidation, le
fonds vendu soit remis sous la main de la république.

L'art. 66 prescrit également des poursuites
ultérieures contre l'adjudicataire et sa caution,
pour raison tant des intérêts des obligations,
que de la valeur présumée des fruits, et du
montant des bons de deux tiers, formant la
différence du prix de l'adjudication à celui de
la folle enchère.

Il est donc évident que le cautionement a
pour objet principal le prix de l'adjudication,
et que la restitution des fruits ne forme qu'un
objet secondaire.

Les lois sur l'enregistrement ne font aucune
exception pour cette nature de cautionnement.
Ils doivent donc être rangés dans la classe des
cautionnemens pour sommes et valeurs déterminées, et le droit en est perceptible, à raison
de 50 centimes par 100 francs sur la valeur des

effets publics, à l'époque de l'adjudication, d'après le cours de la trésorerie, sans que ces droits puissent excéder ceux payés sur le montant de l'adjudication.

(Solution de la Régie, du 12 nivôse an 8.)

***

ART. 351.

HYPOTÈQUES.

MUTATIONS PAR ACTES SOUS SEING-PRIVÉ.

Les conservateurs des hypothèques peuvent-ils transcrire les actes translatifs de propriété d'immeubles passés sous seing-privé et enregistrés, sans qu'ils aient été préalablement reconnus en justice ou par-devant notaire ?

Plusieurs jurisconsultes ont été divisés d'opinions sur cette question ; les uns soutenaient que les conservateurs ne pouvaient refuser de faire la transcription d'un acte de l'espèce : ils se fondaient sur le silence de la loi.

La Régie, consultée sur ce point, n'a pas partagé cette opinion ; cependant, vu la diversité des avis, elle a jugé à propos d'en référer au ministre de la justice, qui lui a répondu, le #3 nivôse an 8, en ces termes :

« La transcription sur les registres du conser-

» vateur est , comme le prouve l'art. 3 de la loi
» du 11 brumaire an 7 , le complément de
» l'hypothèque ; car celle-ci ne pourrait pro-
» duire aucun effet sans la transcription : or,
» un acte sous seing-privé n'attribuant à un
» créancier , ni à un acquéreur , aucun droit
» d'hypothèque , il s'ensuit que la transcrip-
» tion d'un tel acte serait tout au moins inu-
» tile , puisqu'elle n'en changerait pas la na-
» ture.

» Quand l'art. 26 , titre 2 du mode de
» consolider et purger les expropriations , a
» dit que les actes translatifs de biens et droits
» susceptibles d'hypothèques devaient être ins-
» crits dans les registres du bureau de la con-
» servation des hypothèques , pour qu'ils pus-
» sent être opposés au tiers qui aurait contracté
» avec le vendeur : on ne peut pas douter que
» le législateur n'ait entendu parler d'actes hypo-
» thécaires de l'espèce de ceux qu'énonce l'art.
» 3 déjà cité. L'art. 27 répand le plus grand
» jour sur cette vérité ; il porte que le con-
» servateur des hypothèques , certifie , au bas
» de l'expédition qu'il rend à l'acquéreur , la
» transcription qu'il en a faite. Il est bien évi-
» dent que le terme d'expédition employé par le
» législateur , ne peut s'entendre que de la copie

,, d'un acte authentique ; car on n'expédie pas
,, les actes chirographaires , ou signatures-
,, privées.

,, Qu'on ajoute à cela les termes dans les-
,, quels s'exprime l'art. 30 , qui oblige l'acqué-
,, reur , pour se garantir de la nécessité de payer
,, au - delà de son acquisition , à notifier aux
,, créanciers , dans le mois de l'acte de muta-
,, tion ; 1°. son contrat d'acquisition ; 2°. le
,, certificat de transcription qu'il en a requis ,,

Il résulte de cette double obligation qu'un
acte de mutation , sous signatures - privées, ne
peut être admis à la transcription sur les registres
de la conservation des hypothèques.

ART. 352.

INSCRIPTION D'OFFICE.

*Lorsque le délai fixé pour le paiement du prix
stipulé par un contrat de vente se trouve expiré
à l'époque de la transcription de ce contrat , le
conservateur des hypothèques est-il tenu de faire
l'inscription d'office ?*

Par contrat du 6 nivôse an 7, une maison
a été vendue moyennant une somme de 7,000 f.
payable le 6 messidor suivant ; l'acquéreur a

fait transcrire son contrat dans le courant de thermidor, c'est-à-dire, après l'expiration du délai fixé pour le paiement du prix. L'inscription d'office, au profit du vendeur, devait-elle être faite ?

On a dit, pour la négative, que le délai pour le paiement du prix stipulé au contrat étant expiré, ce prix devait être censé payé ; et que dès-lors l'inscription, non-seulement devenait inutile, mais encore nuisible aux intérêts de l'acquéreur, en le gênant pour contracter de nouveaux engagemens. D'ailleurs, lorsque la radiation de cette inscription sera requise, qui en supportera les frais. L'acquéreur soutiendra qu'ils ne sont point à sa charge, parce qu'ayant intérêt de se libérer dans le délai fixé, afin d'éviter les poursuites du vendeur, il doit être présumé libéré, et que cette présomption suffisait pour que l'inscription n'eût pas dû être faite.

On ajoute que si le prix n'est pas payé, la faute en est au vendeur, qui, en vertu de son contrat seul, pouvait contraindre le débiteur ; qu'il est d'ailleurs possible que le vendeur ait accordé un nouveau crédit ; que c'est alors une convention secondaire, et que c'est au créancier à en représenter l'acte, et à requérir l'inscription dans les formes réglées pour toutes les créances.

Ces raisons sont plus spécieuses que solides ;
et nous pensons que l'inscription d'office est
toujours de rigueur, soit que le délai fixé pour
le paiement du prix, soit ou non expiré au
moment de la transcription du contrat. L'art.
29 de la loi du 11 brumaire an 7, porte :
« Lorsque le titre de mutation constate qu'il
» est dû au précédent propriétaire ou à ses
» ayans-cause, soit la totalité ou partie du
» prix, etc., la transcription conserve à ceux-ci
» le droit de préférence sur les biens aliénés ; à
» l'effet de quoi le conservateur des hypothè-
» ques fait inscription sur ses registres des
» créances non encore inscrites qui en résul-
» teraient, sans préjudice, etc. »

La loi ne prononce aucune exception à cet
égard ; elle n'admet que celles où la créance
serait déjà inscrite ; ce serait donc l'interpréter
que de prétendre que parce que le délai du paiement est expiré, la créance est censée acquittée,
et, qu'en conséquence, l'inscription d'office est
inutile.

Le conservateur ne peut point, sur une
telle présomption, exposer sa responsabilité, la
loi lui prescrit de faire l'inscription d'office en
faveur du vendeur ou de ses ayans-cause, toutes
les fois que le titre de mutation constate qu'ils

restent créanciers de la totalité ou de partie du prix : ce n'est pas à lui de préjuger la libération de l'acquéreur, par cela seul que le délai pour le paiement du prix est expiré. Il n'est dispensé de l'inscription d'office, et sa responsabilité n'est à couvert qu'autant qu'il lui est justifié, par une quittance en forme, que l'acquéreur a rempli son obligation ; et alors il ne doit pas manquer d'en faire mention à la suite de la transcription du contrat.

Quant aux frais de radiation, ils doivent être supportés par le requérant ; d'ailleurs, si l'acquéreur qui devait connaître les dispositions de l'article 29 précité, avait un titre particulier de sa libération ; il doit s'imputer de n'en avoir pas justifié lors de la transcription de son contrat.

A R T. 353.

Les rentes constituées au profit des fabriques , pour concession de bancs dans les églises, ou autres objets relatifs au culte, sont toujours exigibles au profit de la nation.

Jugement du tribunal de cassation, du 14 frimaire an 8, rendu sur le rapport du citoyen Riols, contre le citoyen Gilbert Turchy.

Par acte passé devant notaire, le 18 février 1684, Martin Amenin, sieur Dubenis, constitua en faveur de la fabrique de la ville de Veurdre, une rente annuelle de 10 fr. par an, qu'il hypothéqua sur un pré, pour avoir droit de jouir, lui et sa postérité, d'un banc dans l'église de Veurdre.

La rente fut servie exactement jusqu'au 2 mars 1790. Depuis ce tems elle avait été interrompue.

Le 22 nivôse an 6, le directeur de Moulins fit décerner une contrainte pour le paiement des arrérages échus, contre le citoyen Gilbert Turchy, descendant du fondateur.

Celui-ci forma opposition et soumit sa réclamation au tribunal civil de l'Allier, qui, par jugement du 26 frimaire an 7, le déchargea du paiement de la rente, en donnant pour motifs :

1°. Que la rente avait pour cause l'établissement d'un banc, dont Turchy ne jouissait plus, par l'inexistence de l'église de Veurdre.

2°. Que dans le droit et l'équité, la jouissance de ce banc, tant par les auteurs de Turchy que par lui-même, et pour laquelle ils avaient consenti la rente ; ayant cessé, le paiement de la rente devait également cesser.

Les régisseurs de l'enregistrement se sont pourvus en cassation ; ils ont dénoncé le jugement du tribunal de l'Allier, comme contraire à plusieurs textes de lois.

1°. L'article Ier. de la loi du 26 septembre 1791, portant : « Les biens dépendans de *fondations* font » partie des biens nationaux. »

2°. L'article III de la même loi : « L'assemblée ré- » serve à la législature d'établir des règles, d'après » lesquelles il sera statué sur les demandes particulières » qui pourraient être formées en conséquence des » clauses écrites dans les actes de fondation.

3°. L'article 1er. de la loi du 13 brumaire an 2, ainsi conçu : » Tout l'actif affecté *à quelque titre que ce soit* » *aux fabriques des églises*, ainsi qu'à l'acquit des » fondations, *font partie des propriétés nationales.* »

4°. L'article 3 de la même loi : » La Régie de l'en— » registrement poursuivra la rentrée des créances qui » se trouveront dans cet actif. »

Il résultait clairement de ces lois, que la rente dont il s'agit, formait *un actif* dont le recouvrement était transmis à la nation.

Turchy est venu se défendre devant le tribunal de cassation ; il s'est servi des mêmes moyens de considération et de faveur que devant le tribunal de l'Allier, il a assimilé la rente dont il s'agit, à un contrat *de louage* qui devenait sans effet par la perte de la chose louée; il a cherché à établir une distinction entre les *propriétés foncières* attribuées originairement aux fabriques, pour raison de fondation, et les *rentes constituées* pour le même motif.

Mais tous ces moyens ont été sans effet devant un tribunal chargé de maintenir l'exécution des lois indépendamment de toutes les interprétations de faveur.

Le jugement du tribunal de l'Allier a été cassé pour contravention aux articles que l'on a cités, après avoir entendu les plaidoieries contradictoires du cit. Huart du Parc, défenseur de la Régie, et Vieillart, défenseur de Turchy, et après en avoir délibéré dans la chambre du conseil.

Cette décision est remarquable, parce qu'elle fixe un principe, et qu'elle remet en activité le recouvrement d'une multitude d'objets de cette espèce, suspendu par un jugement erroné.

ART. 354.

EXÉCUTOIRES POUR FRAIS DE JUSTICE.

Quels sont ceux à la charge de la nation, pour la formation des juris d'accusation?

Dans quelques départemens on était dans l'usage de considérer comme frais à la charge du trésor public, et de comprendre dans les exécutoires pour frais de justice, les dépenses relatives à l'impression de titres de lettres ou de lettres entières, pour convoquer les jurés, ou les prévenir de leur nomination, ou pour d'autres impressions de même espèce.

La Régie en a été instruite, et elle a établi les distinctions suivantes.

La formation de la liste des jurés est une attribution administrative. L'article 489, titre 10 de la loi du 3 brumaire an 4, charge les commissaires près les administrations de les faire imprimer et d'en faire l'envoi. Il paraît, d'après ces dispositions, que la dépense relative à cet objet doit être supportée par les administrations centrales.

Les lettres d'avis, adressées aux jurés pour les informer de leur nomination, semblent n'avoir

aucun objet, puisque la liste imprimée, qui
doit (aux termes de la loi) être adressée à
chacun d'eux, leur fait suffisamment connaître
leur nomination ; mais si ces lettres sont écrites,
les frais doivent également être supportés par les
administrations.

A l'égard des lettres de convocation du jury
et des sommations ou significations relatives à
sa réunion, les frais paraissent devoir être supportés par le trésor public, et sur les fonds
destinés au paiement des frais de justice ; cette
opération est purement judiciaire, elle n'a aucun
rapport avec l'administration. Le titre 11 de la
loi du 3 brumaire an 4, veut que le directeur
du jury convoque sa réunion ; mais elle ne peut
être faite aux frais du juge du tribunal, qui,
en ce cas, remplit les fonctions du ministère
public.

Le ministre des finances, après avoir consulté
celui de la justice, a fait à la Régie, le 17 nivôse
an 8, la réponse suivante :

» Le ministre de la justice pense comme vous
» qu'il convient de distinguer les opérations de
» cette nature, qui sont de la compétence des
» administrations centrales de celles qui sont du
» ressort des tribunaux ; que toutes les dépenses
» qu'occasionnent les premières, doivent néces-

» sairement être acquittées comme charges lo-
» cales et administratives, et que les autres ren-
» trent dans la classe des frais de justice assignés
» sur les caisses de votre Régie, et payables dans
» les formes prescrites à cet égard. Je vous observe
» néanmoins qu'il n'y a pas lieu d'y appliquer
» les dispositions de la loi du 18 germinal ;
» c'est-à-dire, de les comprendre dans la liqui-
» dation des dépens prononcés contre les ac-
» cusés, parce que ce ne sont point, à pro-
» prement parler, des frais de poursuites, comme
» les citations et les taxes de témoins, et que
» c'est évidemment l'accessoire de l'indemnité
» accordée aux jurés, laquelle participe du
» traitement des juges, dont aucune portion
» n'est susceptible d'être recouvrée sur les par-
» ties condamnées ».

» Les observations du ministre de la justice
» me paraissent fondées ; je vous invite, ci-
» toyens, à donner des ordres et instructions
» conformes à vos préposés, afin de régulariser
» le paiement des frais dont il s'agit ».

INSTRUCTIONS

DECADAIRES

Sur l'Enregistrement, Droits y réunis, et Domaines nationaux.

Rédigées par une Société d'Employés de la Régie de l'Enregistrement et du domaine national.

N°. 45.

A R T. 355.

E N R E G I S T R E M E N T.

Les articles 2 et 6 de la loi du 11 brumaire an 7, sur les expropriations forcées, portent que les commandemens faits aux débiteurs et les procès-verbaux d'apposition d'affiches doivent être visés dans les 24 heures par le juge de paix du lieu où les commandemens ont été faits et les affiches appos.». Ce visa est-il sujet à l'enregistrement ?

On a avancé qu'on pouvait l'assimiler à celui que donne le juge de paix sur le com-

9

mandement qui précède l'exécution de la contrainte par corps, lequel est assujéti au droit
fixe d'un franc, par l'art. 68, §. 1er., nombre
46 de la loi du 22 frimaire an 7; que ce
même nombre assujétit à l'enregistrement les
actes des juges de paix indistinctement; et que
le nombre 51 tarife au droit fixe d'un franc
tous ceux, soit judiciaires ou extra-judiciaires,
qui ne sont pas dénommés dans la loi; enfin,
que cette loi du 22 frimaire, contenant un paragraphe particulier pour les actes exempts de
l'enregistrement, et les *visa* dont il s'agit, n'y
étant point dénommés, on doit en conclure qu'ils
restent soumis à l'enregistrement sur le pied
d'un franc de droit fixe.

Nous pensons, au contraire, que le silence
de la loi, dont on étaie l'affirmative de la
perception, paraît la détruire; car si son intention eût été d'assujétir les *visa* de l'espèce à
l'enregistrement, elle s'en fût expliquée, comme
elle en a usé pour les *visa* des poursuites préa-
lables à la contrainte par corps. Au fonds, ce
visa est moins un acte qu'une simple formalité, établie pour donner l'authenticité aux
actes qui y sont assujétis, et qui doit en être
regardé comme le complément. On ne doit

pas plus en exiger l'enregistrement que des légalisations dont l'objet est de constater les signatures, et qui sont nommément comprises au titre des exemptions.

A r t. 356.

HYPOTHÈQUES.

Le droit proportionnel d'hypothèque est-il dû pour l'inscription du cautionnement fourni par les conservateurs ?

L'article 5 de la loi du 21 ventose an 7, qui impose à ce fonctionnaire l'obligation de fournir un cautionnement en immeuble, n'assujétit cet acte qu'au *droit fixe d'enregistrement d'un franc.*

L'art. 7 de la même loi, veut que l'inscription de ce cautionnement soit faite à la diligence et aux frais du préposé, et que son effet subsiste pendant toute la durée de sa responsabilité, sans qu'il soit nécessaire de la renouveller. Aucun article de cette loi n'indiquant la quotité du droit de cette inscription, la question doit être décidée d'après la loi du 6 messidor an 7, relative aux inscriptions hypothécaires, sur les comptables publics.

L'article 1er. de cette loi est ainsi conçu : « L'inscription indéfinie, qui a pour objet la » conservation d'un simple *droit d'hypothèque* » *éventuel*, sans créance existante, n'est point » sujette au droit proportionnel établi par les » lois des 6 vendémiaire an 6 et 21 ventose » an 7 ».

Or, le droit d'hypothèque sur les biens du conservateur, résultant de l'inscription de son cautionnement, est purement *éventuel*, puisque, si sa gestion a été régulière, il n'y aura aucune créance *existante*, aucun recours à exercer contre lui, à raison de ses fonctions. Cette inscription est donc indéfinie, et comme telle exempte du droit proportionnel. D'ailleurs, le cautionnement du conservateur n'étant passible que du droit *fixe* d'enregistrement d'un franc, c'est un nouveau motif de penser qu'il ne doit pas être soumis au droit *proportionnel* d'hypothèque.

Mais ce dernier droit deviendrait exigible dans le cas prévu par l'article 2 de la loi du 6 messidor ; c'est-à-dire, si l'éventualité se convertissait en *créance réelle*; et c'est ce qui arriverait, s'il était prononcé une condamnation contre le conservateur, soit à raison de l'irrégularité d'une inscription délivrée, soit pour l'omission d'une ou de plusieurs inscriptions dans l'état de celles subsistantes sur un individu.

Solution de la Régie , du 25 nivose an 8.

A R T. 357.

VOITURES PUBLIQUES.

Les déclarations de places dans les voitures partant à jour et heures fixes , doivent être faites à raison du prix déterminé pour le point le plus éloigné qu'elles doivent atteindre , sans admettre des places dans la même voiture pour les points intermédiaires et de prix inférieur. Ce principe dérive formellement de la loi.

Cependant, un entrepreneur de voitures de Paris à Auxerre avait fait une déclaration de places pour Sens et Joigny , communes intermédiaires, et le receveur avait cru devoir l'admettre. Le droit avait été acquitté en conséquence ; mais l'erreur ayant été reconnue, le supplément du droit a été réclamé par la voie de contrainte. La partie a formé opposition ; l'instance portée au tribunal de la Seine, il a été rendu , le 2 nivôse an 8 , un jugement qui ordonne l'exécution de la contrainte.

ART. 358.

PRESCRIPTION.

Une contrainte décernée par un receveur contre des héritiers, peut-elle empêcher la prescription du droit qu'ils doivent pour des biens situés dans l'arrondissement d'un autre bureau ?

Pour soutenir l'affirmative, on a dit : Les poursuites sont faites à la requête de la Régie et non du receveur, pour les droits dûs sur tous les biens d'une succession. L'obligation de faire la déclaration des biens au bureau, dans l'arrondissement duquel ils sont situés, n'est que de forme et non de droit.

La conséquence n'est pas juste. L'article 27 de la loi du 22 frimaire an 7, porte que les mutations de propriété ou d'usufruit par décès, seront enregistrées au bureau de la situation des biens. Ainsi, la déclaration à passer dans tous les bureaux où les biens sont situés n'est pas purement de forme, mais de droit étroit. De cette obligation, rigoureusement imposée à tous les héritiers, il résulte que chaque receveur, dans l'arrondissement duquel se trouve des biens, est tenu de faire les diligences nécessaires pour opérer le recouvrement des droits et empêcher la prescription. Comme la déclaration doit être faite dans tous les bureaux, la contrainte que signifie un receveur, à la requête de la Régie, n'embrasse et ne peut avoir pour objet que les biens qui sont arrondis à son bureau; là se bornent les pouvoirs du receveur, et la Régie doit, par ses préposés, faire signifier autant de contraintes qu'il y a de bureaux, autrement la prescription s'acquiert par-tout où l'on a négligé de faire les poursuites nécessaires.

Art. 359.

DOMAINES NATIONAUX.

Suite de la liquidation des fermages, chapitre VI et dernier.

Du compte à faire avec les acquéreurs des domaines nationaux, pour la portion qui leur revient dans le prix des fermages.

Du partage des fruits et fermages des biens nationaux aliénés.

En principe général, c'est la clause insérée dans le procès-verbal de vente ou d'adjudication qui doit servir de règle pour le partage des fruits et revenus entre la nation et l'acquéreur.

Ainsi quand même cette clause ne serait point dans les termes de la loi, elle n'en doit pas moins être exécutée, parce que les conditions d'un contrat doivent toujours être respectées.

Si la clause établit le mode de partage d'après une loi quelconque, il faut recourir à cette loi; mais, si dans le contrat, il n'est rien statué sur le mode de partage, il faut alors prendre pour règle celle établie par la loi existante au moment de la vente.

Or, un grand nombre de lois ont été rendues sur cet objet, nous allons les examiner. Auparavant, il est essentiel de résoudre une question qui se reproduit à toutes les époques. *C'est de savoir comment l'année de fermages ou de produits des biens ruraux doit être partagée, lorsqu'elle est divisible par proportion de tems.*

Toutes les lois ont prescrit que les loyers des maisons et les rentes seraient partagées par portions de tems. Plusieurs de ces lois appliquent ce principe même aux fruits et fermages. Dans ce cas, doit-on compter l'année *du 1er. janvier*, ou *de l'entrée en jouissance du fermier?*

Pour prouver que c'est *du 1er. janvier :*

1°. On s'est appuyé d'une disposition de l'instruction du 3 juin 1790, qui, en ce qui concerne les fruits divisibles entre la nation et les municipalités, s'exprime ainsi : « Les municipalités paieront les intérêts de » leurs obligations, supporteront les impositions » à compter du jour du décret, par lequel leurs » offres auront été admises, et percevront les fruits » des biens acquis, à compter de la même époque; » ensorte qu'une municipalité dont les offres auraient » été admises *le 1er. juillet*, aura droit *à la moitié* des » fruits de l'année, soit que la récolte ait précédé ou » suivi son acquisition ».

2°. On a prétendu que si on admettait un autre mode, l'entrée en jouissance du fermier, variant selon les usages adoptés dans divers départemens, il en résulterait que deux particuliers qui entreraient en jouissance le même jour, auraient une portion de revenu différente, ce qui n'est ni juste, ni conforme à l'esprit de la loi.

3°. D'un autre côté, on a ajouté, s'il n'y a pas de bail, on ne saura de quelle époque de l'année partir pour partager la récolte.

4°. Enfin, quoique l'instruction du 16 floréal an 4, ait dit qu'on compterait de *l'entrée en jouissance du fermier*, on ne doit pas s'arrêter à cette disposition, puisque les lois antérieures ont évidemment fixé cette époque au 1er. *janvier*, et que les lois des 9 messidor an 4, 9 fructidor an 5 et 6 messidor an 6, veulent positivement que les fermages de l'an 3 et de l'an 4, s'entendent des récoltes faites de *janvier* en *janvier*.

Ce raisonnement peut paraitre fondé ; cependant il est contraire au texte et à l'esprit même des lois qui ont été citées. En effet, s'il s'agit de rentes, de loyers de maisons et autres objets, *qui produisent tous les jours*, on ne peut contester que c'est de l'époque de l'entrée en jouissance du locataire, ou de l'échéance de la rente que l'on doit compter l'année. Par exemple, on suppose une année de loyer de 1200 francs, commencée le 1er. vendémiaire an 4, et l'acquéreur est entré en jouissance le 1er. germinal suivant, alors il appartiendra 600 francs à la république pour 6 mois, à compter du 1er. vendémiaire an 4, jour où commence l'année de loyer à partager jusqu'au 1er. germinal suivant, époque de la vente, et 600 francs à l'acquéreur pour les autres 6 mois, depuis le 1er. germinal jusqu'au 1er. vendémiaire an 5, où à recommencé l'année suivante, qui appartient en entier à l'acquéreur ; si, au contraire, on comptait de *janvier en janvier*, ou du 12 nivôse au 12 nivôse, il n'appartiendrait à la république qu'un *prorata* du 12 nivôse au 1er germinal (2 mois 18 jours), et l'acquéreur aurait 9 mois 12 jours : cependant, leur jouissance étant égale, l'un ne doit pas avoir plus que l'autre. Nous ne pousserons pas plus loin cette observation ; il est évident que pour les loyers, c'est de l'époque de l'entrée en jouissance du locataire que l'on doit compter ; il en est de même des rentes ; il ne peut donc y avoir de difficulté que pour les revenus des biens ruraux, ou pour les fermages qui les représentent.

On demandera en conséquence si, pour diviser une année de fermage, on doit compter différemment que pour diviser une année de loyer, ou si, comme pour les loyers, on doit compter de *l'entrée en jouissance du fermier*, fixée pour le bail, *ou de janvier en janvier*.

Il ne paraît pas douteux que c'est de *l'entrée en jouissance du fermier*, deux lois le portent expressément ; la première, du 3 floréal an 3, est ainsi conçue : » A l'avenir les *fermages des propriétés* » *rurales* seront acquis aux adjudicataires *propor-* » *tionnellement* et à compter du jour de l'adjudica- » tion, ainsi qu'il a été pratiqué pour les *loyers des* » *maisons et rentes*, sans égard à une disposition » contraire de l'instruction du 3 juillet 1791, qui » défère aux adjudicataires les fermages en propor- » tion des progrès des coupes ou perceptions des » fruits, *à quelqu'époque que soient fixés les termes* » *de paiement déterminés par les baux.* »

La seconde, du 6 floréal an 4, sur l'aliénation des domaines nationaux, en vertu de la loi du 28 ventôse de la même année, porte : (parag. 1er.) » Les
» domaines nationaux sont-vendus tels qu'ils sont,
» mais les *fruits et fermages seront partagés, comme*
» *les loyers des maisons,* de manière que le fermier
» ou le cultivateur comptera au receveur des do-
» maines *du quart, du tiers, ou de telle autre por-*
» *tion de ses prestations annuelles,* suivant qu'à
» l'époque de la vente, il se sera écoulé *un tiers,*
» *un quart, ou telle autre partie de l'année, à compter*
» *de l'époque fixée pour l'entrée en jouissance du*
» *fermier.* »

D'après ces dispositions, les fermages des biens ruraux vendus depuis la loi du 3 floréal an 3, *doivent être divisés de la même manière que les loyers et les rentes ;* or, comme nous l'avons démontré pour la division des loyers, on doit compter de l'entrée en *jouissance* des locataires. Donc dans le partage de l'année de fermage des biens vendus depuis la loi du 3 floréal an 3, on doit *compter de l'entrée en jouissance du fermier.*

Mais doit-il en être de même des biens vendus antérieurement à la loi du 3 floréal an 3 ? — Oui.

En effet, si l'instruction du 3 juin 1790, présente quelques obscurités, elles sont toutes éclaircies par l'instruction du 10 juillet 1791, qui porte :

» Les municipalités paient les intérêts de leurs
» obligations, supportent les contributions et per-
» çoivent les fruits naturels et civils des biens qui
» leur sont adjugés, *à compter du jour des décrets*

» d'aliénation rendus en leur faveur. Les fruits na-
» turels et civils, appartiennent aux municipalités
» en proportion de la durée de leur jouissance, et
» ne courent au profit des acquéreurs qui les rempla-
» cent, que du jour de leur adjudication. »

» Il n'en est pas de même des acquéreurs qui ac-
» quierent directement de la nation. La loi dis-
» tingue entre les fruits civils et les fruits naturels.
» Les premiers ne sont déférés aux acquéreurs que
» proportionnellement en raison du tems et à compter
» du jour de leur adjudication. »

Certes, rien de plus clair que ces dispositions. Les
législateurs se sont, sans doute, déterminés à sup-
primer l'exemple contenu dans l'instruction du 3 juin
1790, pour faire cesser la diversité d'opinion, à laquelle il avait pu donner lieu.

Par cette instruction, tout est réglé avec justice,
en proportion de la jouissance, et cette proportion
ne peut exister, si l'on ne prend pas pour compter
l'année du revenu à partager, l'époque de l'entrée
en jouissance du fermier. L'exemple que nous avons
rapporté pour les loyers, s'applique à l'espèce. Nous
croyons inutile de le répéter ici, et nous nous per-
suadons que nos abonnés, en l'examinant, seront
convaincus comme nous, que toutes les fois que les
revenus, fermages, loyers ou rentes, sont divisibles
par proportion de tems, on doit compter, l'année à
partager, de l'époque de l'entrée en jouissance du
fermier ou locataire.

Au reste, les lois des 9 messidor an 4, 9 fructidor
an 5 et 6 messidor an 6, ne concernant en ce qui
peut avoir rapport à l'espèce, que la liquidation et

le paiement des fermages de l'an 3 et de l'an 4 ; il est, sans doute, inutile de démontrer qu'on les a invoquées mal-à-propos.

Cela posé, passons à l'examen des dispositions des lois qui ont établi divers modes de partage des fermages et revenus.

Nous diviserons ce travail en paragraphes, qui traiteront séparément,

1°. Des aliénations en général, avant la loi du 3 floréal an 3;

2°. De celles faites en exécution de la loi du 3 floréal an 3;

3°. *Idem*, en exécution de la loi du 15 prairial an 3;

4°. *Idem*, en exécution des lois des 28 ventôse et 6 floréal an 4;

5°. *Idem*, en exécution de la loi du 16 brumaire an 5;

6°. Enfin, *idem*, en exécution des lois des 9 vendémiaire, 24 frimaire an 6, et 26 vendémiaire an 7.

Chacun de ces paragraphes sera terminé par des exemples.

(*La suite au n°. prochain.*)

ART. 360.

DÉSHÉRENCE.

QUESTION D'HÉRÉDITÉ.

Paul ne se connaît point d'héritier, et dispose de la totalité de son bien en faveur d'un étranger. La nation a-t-elle droit d'attaquer cette dis-position et de réclamer les cinq sixièmes de la succession à titre de déshérence ?

Non. La loi du 17 nivôse veut que lorsque le testateur n'a point d'héritiers, les prédilec-tions de l'amitié puissent remplacer celles de la nature, et la volonté de l'homme celle de la loi. Elle porte, art. 32 : « En cas que les disposi-» tions aient été faites par un homme décédé » sans parens, le donataire ou institué en con-» servera l'effet ».

ART. 361.

LOIS NOUVELLES

RELATIVES AUX FINANCES.

Serment à prêter par les fonctionnaires publics.

Une loi du 21 nivôse an 8, veut que les fonction-naires publics et autres personnes qui étaient par les lois antérieures à la constitution, assujettis à un ser-ment y satisfassent par la déclaration suivante :

Je promets d'être fidèle à la constitution.

Une loi du 21 nivôse an 8, autorise le rachat et l'aliénation des rentes dûes à la république. Le prix fixé à quinze fois le montant de la rente, doit être acquitté, savoir ; un dixieme dans le mois, et le surplus en trois obligations payables sans intérêt de six mois en six mois, à compter du jour du rachat ou de l'acquisition.

La faculté de rachat ou d'aliénation ne durera que six mois, à partir de la publication de la loi ; dans trois premiers mois, il n'y aura lieu qu'au rachat.

Une loi du 16 pluviôse an 8, accorde un nouveau délai de trois mois aux engagistes, pour faire la déclaration prescrite par la loi du 14 ventôse an 7.

Une autre du 18 pluviôse an 8, proroge jusqu'au premier germinal prochain, le délai accordé par la loi du 11 frimaire dernier aux acquéreurs de domaines nationaux, pour souscrire des obligations, et relève de la déchéance ceux qui l'avaient encourue, à défaut d'avoir fourni lesdites obligations, à la charge par eux d'effectuer, aux termes fixés par la même loi, la totalité des paiemens en numéraire auxquels ils sont tenus. La partie du prix payable en effets de la dette publique, sera acquittée avant le premier floréal prochain.

ANNONCE.

Tontine immobiliaire de tous les âges, avec chances.

C'est sous cette dénomination que vient d'être formée une Tontine divisée en huit classes distinctes, dont chaque action de 25 francs, offre au dernier survivant un

immeuble en toute propriété de 61,000 fr., indépendamment des intérêts et d'une prime de remboursement
de 45 francs, somme excédant celle de la mise.

Cet établissement se trouve plus amplement dévelopé
dans les prospectus et acte d'association ; mais l'intention des directeurs étant de charger tous les conservateurs des hypothèques dans départemens, de recevoir le
prix des actions, et de correspondre avec eux par la voie
de nos *Instructions*, nous avons cru faire plaisir à
tous nos abonnés en leur faisant connaitre la formation
de cet établissement qui réunit tous les avantages que
l'on peut desirer dans une Tontine, et qui, combiné
sur les numéros de la Loterie nationale, offre à tous les
Citoyens la certitude que les tirages seront absolument
l'effet du sort.

Les directeurs, pour garantie de leur gestion, ont
voulu s'abstenir de recevoir le prix des actions ; il sera
déposé jusqu'au moment où chaque classe sera com-
plète, chez le citoyen TRUTAT, notaire à Paris, rue
de l'Egalité, ci-devant Condé, faubourg Germain,
n°. 17. Ce fonctionnaire est connu avantageusement,
et mérite la confiance dont il est honoré.

Les conservateurs, dans chaque département, ont
reçu des instructions détaillées sur les bases de cet
établissement, et sur les avantages qu'il présente ; ils
les communiqueront et les rendront publiques.

INSTRUCTIONS

DECADAIRES

Sur l'Enregistrement, Droits y réunis, et Domaines nationaux.

Rédigées par une Société d'Employés de la Régie de l'Enregistrement et du domaine national.

N°. 46.

ART. 362.

ENREGISTREMENT.

DECLARATION D'APPEL.

Une déclaration d'appel non datée, mais signée de la partie, opère-t-elle un droit particulier d'enregistrement, distinct de celui de l'acte de notification qui en est fait ?

— La déclaration d'appel se fait communément dans un exploit signifié par un huissier,

10

dés-lors elle n'opère qu'un seul droit d'enregistrement ; mais lorsqu'elle est faite par la partie même, et qu'elle est signée, quoiqu'elle soit en tête de l'exploit, elle forme un acte particulier et indépendant de l'acte de notification qui la suit, et susceptible, par conséquent, du droit d'enregistrement, réglé par les paragraphes 4 et 5 de l'article 68, indépendamment de celui d'un franc, dû pour la signification.

On pourrait sans doute exiger que cette déclaration fût soumise à l'enregistrement avant d'être notifiée par l'huissier, d'après la règle établie pour les actes sous signature-privée ; mais il paraît suffisant que l'un et l'autre soient présentés ensemble à la formalité, comme il en est usé pour les protêts, conformément au nombre 6 du parag. 2 de l'art. 69.

ART. 263.

DÉCLARATIONS DE SUCCESSIONS.

Les héritiers des condamnés ou déportés doivent-ils comprendre dans leurs déclarations les bons de liquidation de la trésorerie, et quelle serait la quotité du droit d'après les lois des 9 vendémiaire an 6 et 22 frimaire an 7 ?

La loi du 9 vendémiaire an 6, et celles rendues précédemment n'assujétissaient le mobilier d'une succession ni à la déclaration, ni au droit d'enregistrement. Les bons de liquidation de la trésorerie nationale sont des effets mobiliers ; ainsi, les héritiers n'étaient pas tenus d'en payer l'enregistrement. La loi du 20 frimaire an 7 a soumis à ce droit les meubles transmis par décès ; mais elle excepte formellement (nᵒ. 3, parag. 3, art. 70), les effets de la dette publique inscrits ou à inscrire définitivement. Il en résulte que les *bons* dont il s'agit, qui peuvent être inscrits, ne sont point passibles de l'enregistrement, quelle que soit la cause de la mutation.

ART. 364.

PATENTES.

CERTIFICATS DE CARENCE.

Les différentes lois relatives aux patentes n'ayant pas autorisé les administrations à décharger de cette contribution les individus qui y sont assujétis, il est résulté de ce silence de la loi, et de plusieurs décisions du ministre des finances, l'obligation, pour les receveurs du droit de patente, de faire constater par des procès-verbaux de carence, l'indigence de ceux mêmes qui étaient notoirement insolvables.

Cette mesure occasionnait des frais considé-
rables et en pure perte pour la République.
Souvent le coût de ces actes excédait le montant
du droit.

Pour faire cesser ces inconvéniens préjudi-
ciables au trésor national, le ministre, d'après
les observations de la Régie, a marqué, le 8
de ce mois, aux administrations centrales de
département, « qu'ils pourront ordonner une
» surséance indéfinie au paiement des droits
» et à toutes poursuites, toutes les fois qu'il
» leur sera adressé, par les administrations
» municipales, avec leurs avis, des certificats
» d'indigence et d'insolvabilité absolue des re-
» devables, délivrés par les agens des com-
» munes, attestés par les receveurs de l'enregis-
» trement de l'arrondissement, et visés par le
» commissaire du gouvernement ».

Le ministre ajoute : « que ces dispositions
» doivent avoir leur exécution *dès ce moment*,
» tant pour ce qui reste dû sur les patentes des
» années 5, 6 et 7, que pour celles de l'an 8 »;
mais il recommande en même-tems à ces administrateurs « de veiller à ce que cette facilité,
» due à l'indigence, ne profite point à ceux qui
» sont en état d'acquitter les droits ; en con-
» séquence, il a invité la Régie à prescrire

,, à ses préposés de mettre, relativement aux
,, certificats ou avis qu'ils auront à fournir aux
,, municipalités sur les facultés des redevables,
,, autant d'impartialité que d'exactitude dans la
,, vérification des faits et la délivrance de ces
,, actes ,,. Enfin, suivant la même décision,
les administrations centrales ne peuvent autoriser ces surséances, qu'après qu'il leur aura été
justifié, par les certificats des receveurs du
droit de patente, de l'insolvabilité des redevables. A défaut de cette production, ou
lorsque l'avis sera contraire, elles devront différer de prononcer jusqu'à de nouveaux rensei-
gnemens.

Le receveur comprendra dans les états de situation du recouvrement du droit de patente,
et dans la colonne des radiations, le nombre
des redevables auxquels il aura été accordé des
surséances indéfinies; et dans celle des réductions,
le montant des sommes auxquelles ces individus
auront été imposés, et qu'ils n'auront pu
acquitter à raison de leur insolvabilité.

Nota. Les frais de procès-verbaux de carence,
rédigés *antérieurement à la connaissance officielle
qui leur sera donnée de cette décision*, continueront
de leur être remboursés *dans le cas où ces frais*

demeureraient à la charge du trésor public, ainsi que la Régie l'a indiqué page 27 de la circulaire n°. 1708.

A r t. 365.

VENTES PUBLIQUES DE MEUBLES.

L'amende encourue pour contravention à l'article 1er de la loi du 22 pluviôse an 7, relative aux ventes à l'enchère d'effets mobiliers, peut-elle être réglée définitivement par les directeurs de la Régie dans la latitude fixée par la loi, lorsque les contrevenans, pour éviter une condamnation, offrent de payer ?

L'article précité de la loi défend de faire des ventes à l'enchère d'objets mobiliers, autrement qu'en présence et par le ministère d'officiers publics, ayant qualité pour y procéder.

L'article 7 ordonne que l'amende encourue par les contrevenans à l'article 1er., sera déterminée en raison de l'importance de la contravention ; qu'elle ne pourra cependant être au-dessous de 50 francs, ni excéder 1000 fr. pour chaque vente, outre la restitution des droits qui se trouveront dûs. La Régie observe, dans sa circulaire du 1er. ventôse an 7,

n°. 1498, « Que la loi n'ayant pas déterminé
» invariablement cette amende, la fixation doit
» en être faite par le juge ; que, néanmoins,
» comme il est indispensable de spécifier la
» somme dans la contrainte pour qu'elle soit
» exécutoire, le directeur doit fixer la quotité
» de l'amende dans la latitude marquée par la
» loi et en raison des circonstances plus ou
» moins atténuantes de la contravention, sauf
» à lui à faire connaître à la Régie, par l'état
» des procès-verbaux qu'il lui adresse chaque
» mois, les motifs de la fixation qu'il aura
» faite ».

Le mode des poursuites et instances pour
cette espèce de contravention étant le même
que celui prescrit par la loi du 22 frimaire an 7
sur l'enregistrement, cette explication de la
Régie est sans doute suffisante, lorsqu'il y a
contestation judiciaire.

Mais si les parties se présentent sur le procès-
verbal qui a été rapporté, ou même avant le
procès-verbal, et offrent d'acquitter l'amende,
les directeurs peuvent-ils l'arbitrer et considérer
l'affaire comme terminée par le paiement de la
somme qui aura été fixée ?

L'affirmative n'est pas douteuse. La loi, en
déterminant un *minimum* et un *maximum* pour

l'amende , a voulu que ce fût le plus ou le moins de gravité de circonstances de la contravention qui en déterminât la quotité ; elle n'a point dit qu'elle serait prononcée par le juge. Il y a donc lieu de distinguer le cas où la condamnation de l'amende se poursuit devant un tribunal, de celui où le contrevenant se fait justice lui-même et offre de payer. Dans le premier , la loi n'avait pas besoin d'indiquer que ce serait au juge à arbitrer la quotité de l'amende , puisqu'à lui seul appartient le droit d'en prononcer la condamnation ; dans le second, l'amende étant prononcée par une loi, dont l'exécution est confiée à la Régie, ses directeurs, en qualité de ses fondés de pouvoir , peuvent en arbitrer la quotité toutes les fois que les contrevenans se présentent, qu'ils ne contestent point , et offrent de payer d'après la fixation arrêtée.

Cette question soumise à la Régie, elle a décidé , le 25 nivôse dernier, que ses directeurs pouvaient régler l'amende dans la latitude accordée par la loi ; que ce réglement, lorsque les contrevenans s'y soumettent, dispense de faire prononcer la condamnation ; que ses directeurs peuvent même, étant mieux informés , diminuer le taux de la fixation faite par la contrainte, lorsqu'elle leur paraîtrait trop considérable, en égard à la nature de la contra-vention.

A R T. 366.

D O M A I N E S   N A T I O N A U X.

F E R M A G E S.

(Suite de l'article 359, *inséré au* n°. 45).

§. Ier.

Aliénations en général, faites avant la loi du 3 *floréal an* 3.

La première loi qui ait statué sur cet objet, est celle du 14 mai 1790; ses dispositions ont été développées par l'instruction du 31 du même mois, approuvée le 5 juin suivant; un décret du 24 février 1791, et un autre du 28 du même mois, sont encore relatifs à l'espèce; mais tout a été si bien expliqué, par l'instruction du 10 juillet 1791, qu'il est inutile de recourir aux lois qui l'ont précédée, elle porte : « Les deux lois des » 24 et 28 février 1791, n'ont rien changé à ce qui » est réglé par l'instruction du 31 mai 1790, relati-» vement à la jouissance des municipalités et des » particuliers qui acquièrent par leur intervention; les » municipalités paient les intérêts de leurs obligations, » *supportent les contributions et perçoivent les fruits* » *naturels et civils des biens* qui leur sont adjugés, » *à compter du jour des décrets d'aliénation*, rendus » en leur faveur. *Les fruits naturels et civils* appar-» tiennent aux municipalités *en proportion de leur* » *jouissance*, et ne courent, *au profit des acquéreurs* » qui les remplacent, que du jour de leur adjudica-» tion.

» Il n'en est pas de même des particuliers qui ac-
» quièrent *directement de la nation*. La loi dintingue
» entre *les fruits civils et les fruits naturels :* les
» premiers ne sont acquis aux acquéreurs que *pro-*
» *portionnellement*, en raison du tems et à compter
» du jour de leur adjudication.

» Quant aux fruits naturels, le particulier qui ac-
» quiert directement de la nation, a droit à la totalité
» des fruits pendant par racines au jour de son ad-
» judication, *et aux fermages qui les représentent,*
» *à quelques époques que soient fixés les termes* de
» paiemens déterminés par les baux ; ainsi, d'un côté,
» les fermages échus avant, *qui représentent des*
» *fruits recueillis depuis une adjudication*, appar-
» tiennent à l'acquéreur, et de l'autre il n'a aucun
» droit à des termes de paiemens qui sont échus de-
» puis son adjudication, mais qui représentent les
» fruits d'une année entière.

» Si le domaine produisait des fruits de diverses
» natures ; que les uns aient été *recueillis avant, d'au-*
» *tres depuis l'adjudication*, une ventillation serait
» nécessaire pour déterminer la portion de fermage
» appartenant à l'acquéreur, et celle qui ne lui appar-
» tient pas».

Cette instruction contient encore une autre disposition bien essentielle qui statue sur les adjudications
faites antérieurement à la loi du 17 mai 1790 ; elle
est ainsi conçue : « La loi du 17 mai 1790, et l'ins-
» truction du 31 du même mois, ne contenant pas de
» dispositions relatives aux fruits des biens vendus
» par la nation aux particuliers, il faut, à l'égard de
» celles de ces ventes qui ne renferment pas la con-
» dition *expresse, que les fruits naturels et civils*

» *n'appartiendront à l'adjudicataire qu'à compter du*
» *jour de l'adjudication*, suivre les dispositions des
» lois anciennes qui défèrent *les fruits naturels et les*
» *fermages* qui les représentent à ceux qui se sont
» trouvés propriétaires au tems de leur récolte ».

Aucune loi, jusqu'à celle du 3 floréal an 3, n'a
changé ces dispositions ; un *décret d'ordre du jour*,
du 7 thermidor an 2, ne laisse aucun doute à cet
égard. On demandait que pour une adjudication faite
après la récolte d'une partie des fruits, la totalité en
appartînt à l'adjudicataire, et qu'il n'y eût lieu à ventillation, que lorsque l'adjudication serait faite après
le 9 vendémiaire. Ce décret est motivé sur les lois des
30 mars et 10 juillet 1791, conséquemment approbatif
de ce qui a été rapporté ci-dessus.

Un mode uniforme doit donc être suivi pour toutes
les adjudications antérieures au 3 floréal an 3 ; il faut
cependant distinguer, 1°. les ventes faites aux municipalités ; 2°. les reventes faites par elles aux particuliers ; 3°. les ventes faites *directement* par la nation aux
particuliers.

1°. *Des ventes faites aux municipalités.*

L'instruction du 10 juillet 1791, ci-dessus rappelée,
a indiqué que les municipalités devaient jouir des
fruits naturels et civils, à compter du jour des décrets d'aliénation, et que dès cette époque, elles
devaient payer les intérêts de leurs obligations et supporter les contributions ; cependant, les municipalités
ne percevaient pas ces fruits, la recette devait en être
faite par les receveurs de districts.

Pour exécuter cette disposition, on avait prescrit à

ces receveurs de tenir un compte ouvert avec chaque municipalité aliénataire.

Une loi du 16 octobre 1791 a changé cet ordre de choses ; l'art. 5 de la 1ère. section a voulu que les obligations souscrites par ces municipalités leur fussent remises ; que le compte fût abandonné, de manière que par cette disposition, la nation est rentrée dans tous ses droits, et que les fruits des domaines aliénés aux municipalités, ont dû être perçus pour le compte de la nation.

D'où il résulte que la réclamation de ces revenus doit être faite par les employés de la régie, comme s'il n'y avait pas eu d'aliénations aux municipalités, et ce, jusqu'au moment où l'acquéreur direct a commencé à jouir, comme il sera expliqué ci-après.

2°. *Des reventes faites par les municipalités aux particuliers.*

Les acquéreurs, dans ce cas, n'ont droit *aux fruits naturels et civils, qu'à compter du jour de la revente,* comme les municipalités avaient droit à ces fruits du jour du décret d'aliénation ; ainsi, tous les revenus antérieurs à cette revente appartiennent à la nation, soit en son nom, soit au nom des municipalités aliénataires.

C'est ici le lieu d'examiner si on doit considérer comme revente par une municipalité à un particulier, ou comme vente faite directement par la nation à un particulier, l'adjudication faite par une administration de district, d'un bien national aliéné, par décret, à une municipalité.

Si cette adjudication a été faite avant la loi du 16 octobre 1791, c'est une revente, et l'acquéreur n'a droit aux fruits naturels et civils qu'en proportion et à compter de son adjudication ; si , au contraire , l'adjudication est postérieure , c'est une vente faite *directement* par la nation à un particulier , puisque , par la loi ci-dessus , la nation étant rentrée dans tous ses droits , les aliénations faites aux municipalités ont été révoquées : dans ce cas , le partage des revenus et fermages doit être liquidé, ainsi qu'il est expliqué au n°. suivant :

Exemple.

Un domaine affermé moyennant 36o francs , dont l'entrée en jouissance du fermier est fixée par le bail au 1er. octobre, a été aliéné à une municipalité, par décret du 1er. avril 1791 , et revendu à un particulier le 1er. août suivant.

Le fermage de 1791, c'est-à-dire, le prix de la jouissance du 1er. octobre 1790, au premier octobre 1791 , est divisible ainsi :

1°. A la nation, 6 mois du 1er. octobre 1790 au 1er. avril 1791, époque de l'aliénation à la municipalité, à raison de 3o fr. par mois, ci - 18o fr.

2°. A la nation , comme représentant la municipalité, 4 mois du 1er. avril 1791 , au 1er. août suivant, ... 12o

3°. A l'acquéreur, 2 mois du 1er. août 1791 au 1er. octobre suivant. . . . . 6o fr.

Total égal au prix d'une année du bail. . . 36o

3°. *Des ventes faites directement par la nation à des particuliers.*

On a vu que l'instruction du 10 juillet 1791 a expliqué que dans le cas et pour toutes les ventes faites directement par la nation à des particuliers , même

pour celles antérieures au décret du 24 février 1791,
à moins de clauses contraires, *les fruits naturels* (1) ou
les fermages qui les représentent (2) appartiennent à
l'acquéreur, si la vente est antérieure à la récolte,
que si, à l'époque de la vente, partie de ces fruits est
perçue, et l'autre partie à percevoir, il doit être fait
une ventillation pour déterminer quelle portion de
ces fruits ou du fermage appartient à l'acquéreur, à
l'égard des *fruits civils* (3); ils n'appartiennent à l'ac-

---

(1) On entend par fruits naturels, ceux que la nature
produit sans culture et sans l'industrie des hommes,
comme le bois, le foin, le fruit des arbres, etc.; il y a
d'autres fruits naturels qu'on nomme aussi FRUITS IN-
DUSTRIAUX, parce qu'ils ont besoin de l'industrie et
du soin de l'homme, sans lequel la terre ne les pro-
duirait pas; tels sont les grains, les raisins, etc.

(2) Il est bien essentiel de ne pas confondre les fermages avec les loyers; le nom de fermage ne doit se
donner qu'aux redevances qui se paient pour raison de
terres, prés, vignes, bois et autres héritages affermés;
et le nom de loyer, qu'aux redevances qui sont le prix
des jouissances des maisons et autres bâtimens, tant
des villes que des campagnes.

(3) On entend par FRUITS CIVILS, ceux qui ne sont
fruits que par la disposition de la loi, et qui ne sont pas
produits par la chose; tels sont les loyers de maisons,
les FERMAGES; les arrérages de rentes, les intérêts, etc.
Quoique les FERMAGES soient considérés comme FRUITS
CIVILS, il ne faut pas en conclure qu'ils doivent être
partagés PAR PROPORTION DE TEMS. Le texte de la loi
s'oppose à cette conséquence, puisqu'il porte QUE LES
FRUITS NATURELS, OU LES FERMAGES QUI LES REPRÉ-
SENTENT, appartiennent à l'acquéreur si la récolte n'a
pas été faite au moment de la vente, et que, dans le
cas contraire, il n'y a aucun droit.

quéreur qu'à compter du jour de l'adjudication, et en proportion de sa jouissance.

Ces dispositions sont si claires, qu'il est inutile d'y ajouter des observations.

EXEMPLE.

Un domaine affermé moyennant 360 francs par année, dont l'entrée en jouissance du fermier est fixée par le bail, au premier octobre a été vendu le premier septembre 1791, toute la récolte était faite. L'acquéreur n'a rien à réclamer sur le fermage de 1791, ou du premier octobre 1790 au premier octobre 1791. — Ce domaine n'était pas affermé ; il n'a encore rien à percevoir, puisque toute la récolte était faite. — Une partie de la récolte était faite et l'autre ne l'était pas ; que le domaine soit affermé ou qu'il ne le soit pas, la partie de la récolte, non faite, au moment de l'adjudication, lui appartient.

PARAGRAPHE II.

Des aliénations faites en exécution de la loi du 3 floréal an 3.

Cette loi porte : à l'avenir les fruits et fermages des propriétés rurales, seront acquis aux adjudicataires proportionnellement et *à compter du jour de l'adjudication*, ainsi qu'il a été pratiqué pour *les loyers des maisons et les rentes*, sans égard à une disposition contraire de l'instruction du 10 juillet 1791, qui défère aux adjudicataires les fermages, en proportion du progrès des coupes ou perception des fruits, à quelque époque que soient fixés les termes de paiement déterminés par les baux.

Ainsi, d'après cette loi, il n'est plus nécessaire de distinguer entre fruits naturels et civils ; le produit des uns et des autres, pour l'année de la vente, doit être cumulé, et le partage doit en être fait en proportion de la jouissance de la république et de l'acquéreur, comme cela se pratiquait auparavant pour les aliénations faites aux municipalités, pour les reventes par elles faites aux particuliers, et, enfin, pour les fruits civils dans les ventes faites directement par la nation.

EXEMPLE.

Le 17 prairial an 3, il a été adjugé un domaine affermé moyennant 360 francs par année, sous la condition que l'acquéreur entrerait en jouissance du jour de la vente.

Il y a à partager l'an 3, du premier vendémiaire an 3 au premier vendémiaire an 4.

Il appartient

A la nation, 8 mois 16 jours du premier vendémiaire an 3, jusques et compris le 16 prairial suivant; ci, ... 256 f.

A l'acquéreur, 3 mois 14 jours, depuis le 17 prairial, jusques et compris le 30 fructidor; ci, ... 104

Total pareil au prix d'une année. . . . 360

(*La suite au numéro prochain.*)

N°. 47.

INSTRUCTIONS

DECADAIRES

Sur l'Enregistrement, les Droits y réunis, et les Domaines nationaux,

RÉDIGÉES par une Société d'Employés de la Régie de l'Enregistrement et du Domaine national.

Le Bureau d'abonnement est, à Paris, rue Projettée-Choiseul, n°. 1. Prix, 18 fr. pour un an, 10 fr. pour six mois, et 6 fr. pour trois mois, franc de port par la poste ; et pour la copie du Bulletin des lois, 1 franc 50 centimes par trimestre, pour les abonnés aux Instructions décadaires, et 3 fr. pour les autres.

ART. 367.

ENREGISTREMENT.

Contre-lettre portant augmentation du prix d'une revente, faite en l'an 2, d'un domaine national acquis précédemment.

L'adjudicataire d'un domaine national, en 1791, l'a revendu le premier fructidor an 2, moyennant 80,000 francs ; mais, dans l'acte de revente, il n'a été stipulé pour le prix que

50,000 fr. , et l'acquéreur a remis de plus au vendeur un billet de 30,000 fr. , *pour valeur reçue*. Des contestations s'étant élevées entre eux , pour la réduction en numéraire de la somme restant dûe sur le billet , un jugement du 2 nivôse an 7 , a reconnu que le billet était un supplément de prix à la revente, et a ordonné la réduction de la somme dûe, conformément à la loi du 16 nivôse an 6.

Ce jugement présenté à l'enregistrement , le receveur a pensé que la convention qu'il constatait, opérait un droit de 4 francs pour 100 fr. , comme supplément de prix à une vente d'immeubles , et le double droit ; il a pensé aussi que , malgré que ce supplément fût relatif à une première vente de domaines nationaux, passée en l'an 2 , qui , à cette époque , ne pouvait opérer qu'un droit fixe de 75 centimes , quel qu'en fût le prix , sa liquidation était régulière , attendu que le droit d'enregistrement n'a été ouvert que par le jugement du 2 nivôse an 7 , qui a mis cette convention en évidence ; et qu'alors le délai accordé par la loi du 19 décembre 1790 , pour l'enregistrement , à 75 centimes des reventes de domaines nationaux , étant expiré , on ne pouvait s'appuyer de cette loi pour soutenir que le droit proportionnel d'enregistrement n'était pas exigible.

S'il ne s'agissait pas d'une revente de domaines nationaux, le billet étant une contre-
lettre augmentative du prix, il n'y a pas de
doute qu'elle aurait donné lieu à la perception
du triple droit; mais il est question d'une première vente de domaines nationaux, faite dans
les délais de faveur accordés par la loi du 9
juillet 1790 et par le décret du 8 janvier 1793,
qui ne pouvait opérer qu'un droit d'enregistrement de 75 centimes, à quelque somme que le
prix en eût été porté. Ce droit a été payé en
tems utile, ainsi le supplément du prix ne peut
produire un supplément de droit.

Ce raisonnement est fondé sur l'esprit de la
loi : En effet, la peine du triple droit à
laquelle les contre-lettres augmentatives de
prix sont assujétis, n'est applicable que dans
la supposition où l'augmentation du prix
qu'elles contiennent aurait donné lieu à un
droit plus fort sur le premier acte, et que les
parties auraient fraudé les droits d'enregistrement; mais, dans l'espèce, il ne pouvait être
perçu, quel que fût le prix, que le droit fixe
qui a été acquitté. Il n'existe donc pas de contravention; et par suite il ne peut y avoir lieu
d'appliquer les dispositions de la loi concernant les contre-lettres dans les cas ordinaires.

Au reste, c'est mal-à-propos que le receveur a pensé que le jugement seul, ayant donné ouverture au droit, en mettant la convention en évidence, la perception du droit proportionnel sur le supplément de prix devait avoir lieu suivant la loi du 22 frimaire an 7. Cette circonstance est indifférente, puisque ce supplément se rapporte à un acte authentique passé en l'an 2 ; d'ailleurs, le billet ou contre-lettre existait avant la promulgation de cette loi.

Par ces motifs, la Régie a pensé que les billets de cette nature n'opéraient qu'un droit fixe d'un franc.

(Solution de la Régie, du 2 nivôse an 8).

A R T. 368.

CONTRAT DE MARIAGE.

Une donation faite en ligne directe par des articles additionnels à un contrat de mariage, convenus et arrêtés devant notaire, avant la prononçiation du mariage, en présence des parens qui ont assisté au contrat, doit-elle jouir de la faveur accordée par la loi de l'enregistrement, aux donations faites par et en faveur du mariage ?

Il est de principe qu'un contrat de mariage étant une fois signé, il n'est plus possible d'y rien changer par des actes séparés, si ce n'est en présence des parens qui y ont assisté. Dans l'espèce proposée, le motif d'exception se rencontre; les articles additionnels ont été passés en présence des parens qui ont assisté au contrat, antérieurement à la prononciation du mariage, les père et mère y font même une donation en faveur de *l'un des futurs*; d'où il résulte que ces articles ne peuvent être considérés comme contre lettre, qu'ils sont censés au contraire faire partie du contrat, et que la donation qu'ils renferment n'est assujetie qu'aux droits réglés par la loi pour les donations faites par contrat de mariage.

Il en serait autrement, si les articles additionnels étaient faits après la *célébration*, les droits seraient alors exigibles comme pour une donation entre-vifs, hors contrat de mariage.

A R T. 369.
Q U E S T I O N
S U R L E S P A T E N T E S.

Des particuliers, propriétaires de vignes, qui achètent des vins en gros, pour les convertir en eau-de-vie, avec ceux de leur crû, et revendent ensuite ces eaux-de-vie en gros, doivent-ils être rangés, pour leur patente, dans la première classe, comme marchands de vin en gros; ou dans la seconde, comme distillateurs; ou enfin, dans la troisième, comme fabricans d'eau-de-vie ?

Une municipalité avait placé ces particu-

liers dans la deuxième classe , comme distillateurs.

Le receveur prétendait qu'ils devaient être
compris dans la première , comme marchands
de vin en gros,

Ni l'une ni l'autre de ces opinions n'est
fondée.

La profession de distillateur ne s'applique
qu'aux fabricans d'autres liqueurs que l'eau-
de-vie , et les fabricans d'eau-de-vie ont été
classés par une disposition particulière de la
loi.

D'autre part , l'on ne peut entendre par
marchand en gros , que celui qui *revend en
gros* ; le fabricant , le manufacturier qui achètent
en gros des matières pour les employer à leurs
fabriques , ne sont pas , par ce seul motif , des
marchands en gros.

Le fabricant de chapeaux et le fabricant de
couvertures achètent des laines en gros pour
leurs fabriques , et ne sont compris que dans
la quatrième classe ; ils le seraient dans la première , si la qualité de *marchand en gros* s'appliquait à celui qui achète en gros des matières
pour les exploiter.

Par la même raison , le fabricant d'eau-de-
vie , qui achète des vins pour les convertir en
eau-de-vie , et qui ne revend pas les vins en

nature en gros, ne doit pas être rangé dans la
classe des marchands de vin en gros, il est
tout au plus marchand d'eau-de-vie en gros ;
mais la loi ne parle point des marchands d'eau-
de-vie en gros, elle ne connaît que deux
espèces de marchands d'eau-de-vie, le fabricant
qu'elle a placé dans la troisième classe, et le
marchand en détail qui se trouve appliqué à la
septième. On ne peut cependant présumer que
ce soit une omission dans la loi, puisque le
législateur n'ignorait pas que le fabricant d'eau-
de-vie revend en gros le produit de sa fabrique,
de même que pour l'alimenter, il achète des
vins en gros.

Ces considérations ont déterminé l'opinion
adoptée par la Régie, le 18 nivôse an 8, que
les particuliers qui achètent des vins en gros
pour les convertir en eau-de-vie, et vendent
leurs eaux-de-vie en gros, n'appartiennent
qu'à la troisième classe.

ART. 370.
DOMAINES NATIONAUX.
Versemens de grains, pendant le papier-monnaie.

Des sous-fermiers avaient versé, à la décharge
du fermier principal, des grains dans les magasins militaires ; les récépissés qui leur avaient
été délivrés, n'énonçaient point, comme l'exige

la loi du 16 brumaire an 2 , les quantités versées , mais seulement leur valeur au cours du jour des livraisons.

Sur la demande qui leur a été faite de leurs fermages , ils ont représenté ces récépissés , et ont prétendu les faire admettre pour leur valeur nominale , soutenant qu'elle représentait du numéraire. On leur a opposé qu'à l'époque des livraisons , les assignats avaient cours , et que ce qui établissait d'une manière évidente que les grains avaient été évalués en cette monnaie , c'est que le montant des récépissés excédait celui des arrérages échus à l'époque des livraisons.

Le tribunal du département de la Manche , s'étant cru suffisamment instruit par l'exposé seul des faits , a condamné , le 17 frimaire an 8 , les fermiers à payer leurs fermages échus , sauf l'imputation du montant des versemens , réduit au cours des assignats , à l'époque des livraisons.

ART. 371.

FERMAGES.

(Suite de l'article 366, n.º 46.)

III.

Des aliénations faites en exécution de la loi du 27 prairial an 3.

Une loi du 12 prairial an 3 voulait que les porteurs d'assignats fussent autorisés à se faire passer contrat de vente de tels domaines nationaux qu'ils jugeraient à propos, en se soumettant d'en payer le prix en assignats au denier 75 du revenu de 1790.

Une autre loi, du 25 du même mois, portait (art. 1.er) les acquéreurs de biens nationaux, suivant le nouveau mode établi par la loi du 12 prairial, ne pourront jouir des *fruits naturels* de leur acquisition qu'après la récolte de la présente année, et des *fruits civils qu'après le 1.er trimestre du bail, qui écherra depuis l'adjudication.*

Par une autre loi du 19 du même mois, l'exécution des deux lois précédentes fut suspendue.

Enfin, une autre loi du 27 du même mois, a établi un nouveau mode de vente ; elle a ordonné que les biens nationaux fussent vendus à l'enchère ; que la soumission au denier 75 du revenu de 1790 fût la mise à prix ; que les enchères fussent reçues sur cette mise ; que le prix de l'adjudication définitive fût payé ; savoir, le montant de la soumission ou la mise à prix, un tiers dans le premier mois, le deuxième tiers dans le deuxième mois, et le dernier dans le troisième mois.

À l'égard du surplus excédant le montant de la somme 100, cette loi voulait qu'il fût acquitté en trois paiemens égaux dans les trois mois suivans, le tout sans intérêt, jusqu'à l'époque des échéances.

L'art. 7 est conçu en ces termes : « Les adjudica- » taires ne pourront se mettre en possession qu'après » le paiement du premier terme, et ne jouiront des » fruits naturels et civils que conformément à la loi » du 15 prairial. » (L'art. est ci-dessus rapporté en en entier.

Le mode de partage des fruits et revenus, d'après cette loi, a présenté plusieurs difficultés. Il ne pouvait y en avoir pour les fruits naturels, puisque la République se les réserve en entier.

Mais à l'égard des fruits civils, on a demandé ce qu'on devait entendre par cette disposition. Les acqué-reurs ne jouiront des fruits civils qu'après le premier trimestre du bail qui écherra depuis l'adjudication.

Des acquéreurs ont prétendu que la nation n'avait droit qu'aux termes de loyers et fermages échus dans les trois mois qui suivaient l'adjudication, quelle que fût la jouissance ou la récolte qu'ils représentassent, de manière que par cette prétention ils s'attribuaient, dans plusieurs circonstances, les termes d'une année de jouissance antérieure à leur adjudication, et souvent un plus grand nombre de termes. Par ce raisonnement, l'avantage de l'acquéreur dépendait du délai qui avait été accordé au fermier ou locataire pour acquitter le prix de son fermage ou loyer.

En se pénétrant du sens de la loi, on apperçoit l'erreur d'une manière évidente ; en effet, la loi accorde six mois à l'acquéreur pour se libérer, elle n'exige de lui aucun intérêt pendant ce délai ; est-il raisonnable de penser qu'outre cet avantage elle ait voulu lui accorder le prix de jouissances antérieures à son adjudication ? Certes, à moins que la loi ne le portât d'une manière bien positive, on ne peut pas le présumer. Ce serait d'ailleurs contraire à tout ce qui s'est pratiqué suivant les lois anciennes et nouvelles.

On demandera que veulent donc dire ces mots, *ne jouiront des fruits civils qu'après le premier trimestre du bail, qui écherra depuis l'adjudication.* Nous répondons, pour dédommager la République de l'intérêt du prix de la vente jusqu'au paiement, le législateur lui a réservé trois mois de jouissance après l'adjudication, et à compter de ces trois mois, le partage du produit de l'année de loyer ou fermage doit être fait entre l'acquéreur et la République, *en proportion de la jouissance de chacun.*

Nous pensons en conséquence, 1.° que les acquéreurs de biens nationaux, produisant *des fruits naturels*, (1) n'ont dû avoir aucune portion dans ces fruits qui étaient pendans par branches ou racines au moment de leur adjudication.

2.° Que les acquéreurs de biens nationaux, produisant *des fruits civils* (2), n'ont dû compter leur jouissance que trois mois après l'adjudication ; que le produit des loyers et fermages représentatifs de ces trois mois de jouissance et de toutes celles antérieures, appartient à la République, et que les acquéreurs n'ont droit qu'au surplus.

Exemple.

Un domaine *non affermé* a été vendu le 3 messidor an 3 ; toute la récolte pendante par branches ou par racines, appartient à la nation.

Un autre domaine affermé moyennant 360 francs par année, dont l'entrée en jouissance du fermier est fixée au 1.ᵉʳ vendémiaire, a été vendu le 1.ᵉʳ fructidor an 3.

----

(1) Nous avons expliqué, n.° 46, page 158, ce que l'on doit entendre par fruits naturels.

(2) Les fruits civils sont désignés mêmes n.° et page. La loi dans cette espèce, ne faisant aucune distinction pour les fermages qui représentent des fruits naturels, il n'y a pas lieu de les distinguer des autres fruits civils ; ils doivent donc être partagés comme les loyers, les rentes, etc.

La nation s'étant réservée dans ce cas trois mois après l'adjudication, sa jouissance est continuée du premier fructidor au premier frimaire an 4.

Ainsi, tout le fermage de l'an 3 ou du premier vendémiaire an 3 au premier vendémiaire an 4, appartient à la République.

Quant à celui de l'an 4, il est divisible ainsi :

A la nation pour 2 mois, du premier vendémiaire an 4, jusques et compris le 30 brum. suivant   60 f.
A l'acquéreur pour dix mois, du premier frimaire an 4 au premier vendémiaire an 5   .   300.

Total pareil au produit du prix d'une année. 360

§. IV.

Des ventes faites en exécution de la loi du 28 ventôse an 4, et de l'instruction du 6 floréal suivant.

Le §. 1.er, dernier *alinéa* de cette instruction s'exprime ainsi : « Les domaines nationaux sont vendus » tels qu'ils sont ; mais les fruits et fermages seront » partagés *comme les loyers des maisons*, de manière » que le fermier ou le cultivateur comptera au rece- » veur des domaines, du quart, du tiers, ou de telle » autre partie de l'année, à compter de l'époque fixée » *pour l'entrée en jouissance du fermier.* »

Cette disposition est exactement la même que celle de la loi du 3 floréal an 3, qui fait l'objet du §. 2 ci-dessus ; il faut cependant remarquer que d'après l'art. 3 de la loi du 22 prairial an 4, l'entrée en jouissance est fixée au jour de la date de l'enregistrement de la quittance du paiement du second quart prescrit par cette loi. Ainsi, voir le §. 2.

§. V.

Des ventes faites en exécution de la loi du 16 brumaire an 5.

Le partage des fruits et revenus des biens vendus, en exécution de cette loi, doit être fait suivant la loi du 3 floréal an 3, conformément à l'instruction du ministre des finances, du 2 frimaire an 5, approuvée par le directoire exécutif, le 12 du même mois.

Cette instruction porte, page 8, « D'après l'instruction, décrétée le 3 juillet 1791, les loyers et rentes, considérés comme fruits civils, étaient acquis aux adjudicataires, du jour de l'adjudication, au contraire, les fruits *naturels*, c'est-à-dire, les fruits pendans par les racines au jour de l'adjudication, *et les fermages qui les représentent*, devaient appartenir en totalité à l'acquéreur, à quelques époques que fussent fixés les termes de paiement déterminés par les baux.

« Les administrations ayant rencontré nombre de difficultés dans l'exécution de ces dispositions, la convention nationale a rendu, le 3 floréal an 3, un décret portant qu'à l'avenir, *les fermages des propriétés rurales seront acquis aux adjudicataires* proportionnellement, et à compter du jour de l'adjudication, ainsi qu'il a été pratiqué pour les loyers des maisons et rentes.

» Il convient, en conséquence, que les préposés de la Régie, qui, jusqu'à la mise en possession des adjudicataires, demeurent dépositaires des baux des domaines nationaux aliénés, et auxquels il doit être remis extrait des procès-verbaux d'adjudication, aient soin de régler exactement la portion de fermage afférente à la République, au *prorata* de sa jouissance, c'est-à-dire, jusqu'au jour de la vente exclusivement.

» En opérant ce réglement, ils examineront la nature des *faisances* que les baux pourront comporter, afin, d'en répartir le prix, dans une juste proportion,

entre la République et les ayans-droit : et pour éviter
toute contestation et recours ultérieurs , la quittance
qu'ils délivreront au fermier , exprimera , en même-
tems , la somme à payer à l'acquéreur , pour solder
entièrement l'année de fermage. »

Cette instruction est si claire , que nous croyons
inutile d'y rien ajouter.

Voir pour la liquidation , ce qui a été indiqué ,
§. 2 ci-dessus.

§. VI. ET DERNIER.

*Des ventes faites en exécution des lois des 9 vendé-
miaire , 24 frimaire an 6 , et 26 vendémiaire an 7.*

D'après ces lois , le partage des fruits et fermages
devait être fait *par proportion de tems* comme pour
les ventes , en exécution de la loi du 16 brumaire
an 5 ; mais une décision du ministre des finances ,
insérée dans la circulaire n.º 1106 , porte 1.º « Que
» lorsque l'adjudication aura lieu dans les six premiers
» mois de l'année , c'est-à-dire , avant le 1.er germinal ;
» alors la contribution entière de l'année sera acquittée
» par l'acquéreur ; et , qu'au contraire , lorsque l'ad-
» judication se fera postérieurement au 1.er germinal ,
» c'est-à-dire , dans les six derniers mois de l'année ,
» la contribution de l'année entière restera en totalité
» à la charge de la République.

» 2.º Que l'adjudicataire aura droit aux loyers ou
» fermages , à compter du jour de son adjudication ,
» sans cependant pouvoir réquérir aucune indemnité
» ou diminution de prix , dans le cas où les fermiers
» ou locataires auront payé d'avance un ou plusieurs
» termes , à imputer sur les derniers mois du bail. »

Cette décision fait l'objet d'une circulaire du ministre des finances , aux administrations centrales de
département , en date du 8 vendémiaire an 6 ; comme
elle n'a pas été changée , toutes les ventes ont dû être
faites depuis qu'elle a été reçue , et doivent l'être encore à ces conditions.

La liquidation du *prorata* doit être faite, ainsi qu'il est indiqué au parag. 2, sauf que s'il a été payé des termes par anticipation, l'acquéreur ne peut rien réclamer à cet égard.

(Nous insérerons dans les prochains numéros, notre opinion sur des questions qui nous ont été adressées, relatives aux fermiages ; successivement nous indiquerons comment doivent être faites les liquidations de loyers, rentes et intérêts).

A V I S.

La suite de notre correspondance nous a donné lieu de remarquer que les differens avis donnés dans plusieurs de nos feuilles, relativement aux tables des circulaires et à nos ouvrages, n'avaient pas été bien entendus, nous devons à ce sujet des explications.

Dans notre numéro 43, nous avons annoncé une table analytique, alphabétique et chronologique, faisant suite à celle de la Régie, qui finit n.º 1250, elle va être imprimée, nous en indiquerons le prix.

Cette table n'a rien de commun avec celle chronologique et alphabétique que nous avons annoncée, dans le même n.º, devoir remplacer les mémoires de tournée, conformément à la circulaire de la Régie, du treize nivôse an 8, n.º 1736 Nous avons fixé le prix de cette table à 60 centimes ; elle sera adressée aux souscripteurs le 18 ventôse présent mois, et contiendra toutes les circulaires, depuis le 15 frimaire jusqu'au 15 ventôse.

Nous avons aussi annoncé, par notre n.º 37, que nous délivrerions, au prix de 8 fr. *à nos abonnés*, la collection des 36 numéros qui composent la première année de nos feuilles, formant deux volumes, dont chacun suivi d'une table alphabétique. En fixant ce prix, notre intention n'était point de nous charger des frais de port ; cependant, pour la facilité de nos abonnés, nous

avons adressés à nos frais ces collections à nos dépositaires, aux chefs-lieux des départemens ; ceux qui ne
les auraient pas reçues ; peuvent les y réclamer. Pour
prévenir toute difficulté à l'avenir sur ce sujet, nous
avons arrêté que ces collections seraient délivrées à
huit francs, prises à Paris, ou au chef-lieu du département, et à 9 fr. franc de port par la poste, mais
seulement à nos abonnés actuels. Quant à ceux qui
ne sont pas abonnés, ou qui ne s'abonneraient pas pour
l'an 8, le prix en sera de 12 francs à Paris, et 14 fr.
franc de port par la poste.

A l'égard du sixième volume des circulaires, qui
contient 560 pages, compris la table alphabétique,
et qui renferme *littéralement* toutes les circulaires,
depuis le numéro 1457, jusqu'au numéro 1660, nous
continuerons de l'adresser à nos dépositaires aux chefs-
lieux des départemens. Le prix restera alors fixé à
5 francs, mais ceux qui désireraient se le procurer
franc de port, par la poste, voudront bien nous adresser 6 francs, et il se vendra 4 francs pris à Paris.

INSTRUCTIONS

DECADAIRES

Sur l'Enregistrement , Droits y réunis , et Domaines nationaux.

Rédigées par une Société d'Employés de la Régie de l'Enregistrement et du domaine national.

N°. 48.

ART. 372.

ENREGISTREMENT.

JUGEMENT.

Une convention verbale , énoncée dans un jugement, donne-t-elle ouverture au droit fixé par la loi du 22 frimaire an 7 , ou à celui réglé par les lois antérieures ?

Pour soutenir que le droit des conventions doit être perçu sur le taux réglé par la loi exis-

12

tante, ceux qui nous proposent cette question, observent que les conventions verbales, ou du moins énoncées comme telles, n'ayant pas de date certaine, on ne peut point leur appliquer les dispositions de l'article 73 de la loi du 22 frimaire an 7.

Cette question se décide par l'examen des pièces de la procédure, l'exploit de demande désigne sans doute l'époque où la convention a eu lieu ; si les parties ont gardé le silence, il est certain qu'on doit percevoir les droits sur le pied réglé par la loi du 22 frimaire an 7 ; mais s'il résulte des pièces produites ou des écritures du procès, que la convention a existé antérieurement, on ne peut pas s'appuyer du principe que les conventions verbales ou privées n'ont pas de date certaine, puisque l'article 73 de la loi veut que les lois anciennes soient exécutées à l'égard des actes faits, et que cette règle s'applique aux actes sous signature privée, comme aux autres. Percevoir un droit sur une convention présumée écrite, c'est en reconnaître l'existence, et la date de cette existence doit remonter à l'époque où les parties déclarent avoir fait leurs conventions.

La Régie a décidé dans ce sens cette question, lorsqu'elle s'est présentée.

A r t. 373.

Acte judiciaire rédigé en l'an 5, présenté à l'enre-
gistrement en l'an 8.

Un procès-verbal d'un juge de paix, en date
du 11 floréal an 5, contenant cession d'un pas-
sage *dans un pré*, moyennant 12 francs, a été
présenté à l'enregistrement au mois de frimaire
de l'an 8.

On avoit considéré cet acte comme acte
privé, et on avait perçu 6 francs pour triple
droit, d'après l'art. 30 de la loi du 9 vendémiaire an 6, portant que tout acte sous signature privée, translatif d'immeuble, sera soumis
à l'enregistrement dans les trois mois de sa date,
à peine du triple droit.

On a observé qu'il s'agissait dans l'espèce
non d'un acte privé, mais d'un acte judiciaire,
et qu'il n'était dû qu'un droit en sus, d'après
l'article 38 de la même loi, qui veut que les
actes judiciaires, contenant transmission d'immeubles soient soumis à l'enregistrement, sur
la minute, dans le délai de deux décades, et
qu'après ce délai la formalité ne puisse être
donnée qu'en acquittant un droit en sus; et il
avait ajouté que l'amende de 50 francs était
encourue par le greffier, pour n'avoir pas remis
au receveur, dans la décade qui a suivi l'expi-

ration du délai ci-dessus , un extrait certifié de l'acte , conformément à l'article 40 de la même loi.

L'opinion de ce directeur n'a pas paru fondée par les motifs suivans : La loi du 9 vendémiaire an 6 ne peut être appliquée aux actes publics d'une date antérieure, que pour la fixation du droit. Quant au délai dans lequel ces actes ont dû être soumis à la formalité et aux peines encourues par suite du défaut d'enregistrement, ce sont les lois, qui étaient en vigueur à l'époque où les actes ont été faits, qu'il faut consulter.

Examinons d'abord le droit dû dans l'espèce. La loi du 9 vendémiaire an 6 ne contient aucune disposition nouvelle, relativement aux mutations à titre onéreux ; et comme elle ordonne, art. 53 , que les dispositions des lois antérieures, auxquelles elle ne déroge pas, continueront d'être exécutées, il faut se reporter à la loi du 14 thermidor an 4. L'art. 3 de cette même loi fixe à 4 pour cent le droit d'enregistrement des actes translatifs de propriété d'immeubles à titre onéreux ; ici le prix n'excède pas 50 francs , ainsi il n'est dû que 2 fr. de droit principal.

A l'égard de la peine encourue pour le défaut d'enregistrement dans les délais , la loi du

14 thermidor an 4 n'ayant rien changé sur ce
point aux lois antérieures, c'est à ces dernières
qu'il faut recourir. L'article 10 de la loi du 19
décembre 1790, soumet à l'enregistrement, sur
la minute, dans le mois de leur date, les actes
judiciaires contenant transmission d'immeubles, et veut que les greffiers qui n'auraient pas
reçu des parties le montant des droits, remettent
aux préposés de la régie, dans le même délai,
un extrait certifié desdits actes; et l'article 14
de la loi du 9 octobre 1791, additionnelle à la
précédente, porte que les officiers publics, en
contravention à l'article 11 de la première,
paieront deux fois le montant des droits des
actes qui n'auront pas reçu la formalité de l'enregistrement. La peine du droit en sus est donc
la seule qui soit encourue; et quant à l'amende
de 50 francs, elle ne peut être exigée, n'ayant
pas été prononcée, en pareil cas, par les lois
antérieures à celles du 9 vendémiaire an 6.

Solution de la régie, du 5 pluviose an 8.

ART. 374.

De quel droit sont passibles les actes de prestation
de serment des employés aux contributions directes?

La loi du 22 frimaire assujettit au droit
fixe de 15 francs, les prestations de serment
des notaires, des greffiers, huissiers des tribu-

naux civils , criminels , correctionnels et de commerce, *et de tous employés salariés par la république*, (art. 68, parag. 6, n°. 4); ceux des greffiers, des huissiers des juges de paix, des gardes des douanes, gardes forestiers et gardes champêtres sont les seuls tarifés à 3 francs, (art. *ibid.* parag. 3, n°. 3); et cette modération du droit n'a été étendue jusqu'à présent qu'aux gardes des barrières. Les employés aux contributions directes ne peuvent prétendre à cette exception , et restent compris dans lesdispositions générales précitées : l'acte de leur prestation de serment est donc passible du droit fixe de 15 francs, et ils ne peuvent se soustraire à cette prestation de serment, sous prétexte qu'ils ont fait, ou qu'ils feront la promesse de fidélité à la constitution, prescrite par la loi du 21 nivose dernier. En effet, on ne doit pas confondre cette formalité , commune à tous les citoyens, avec le serment que doit prêter tout fonctionnaire , au tribunal de sa résidence , de remplir fidèlement les fonctions qui lui sont confiées; serment qui doit précéder, pour leur validité, les procès-verbaux et autres actes de leur ministère.

ART. 375.

QUESTION.

La disposition d'un contrat de mariage portant que le survivant exclura de la communauté les enfans ou héritiers du prémourant, en leur payant une somme en deniers, opère-t-elle un droit d'enregistrement lors de l'événement?

La communauté de biens ayant été stipulée, chacun des conjoints y a un droit égal. Par l'effet de la dissolution, et en vertu de la clause convenue, la moitié qui appartient au décédé, passe au survivant, sous la charge de l'indemnité à payer aux héritiers ; il y a donc mutation de cette portion, et par suite le survivant doit passer sa déclaration de tous les biens de la communauté, et acquitter le droit proportionnel de 62 cent. et demi par 100 francs, sur la moitié du mobilier qui la compose, rentes comprises ; et celui de 2 francs 50 cent. sur la moitié des immeubles, conformément au nombre 2, parag. 4 et 6 de l'art. 69 de la loi du 22 frimaire an 7.

Les héritiers doivent de même comprendre dans leur déclaration, la somme qui leur est payée par le survivant, et qu'ils sont censés trouver dans la succession.

ART. 376.

DÉCLARATION DE SUCCESSION.

Un héritier vend des biens d'une succession qu'il a recueillie, ou fait un acte quelconque de propriété avant d'avoir fait sa déclaration, et avant que le délai que la loi lui accorde à cet effet soit expiré, a-t-il, par cela seul, encouru la peine du double droit?

La loi du 22 frimaire an 7 défend, art. 41, aux notaires et autres officiers publics de passer des actes en vertu d'autres actes sujets à l'enregistrement, avant que ceux-ci n'aient été soumis à cette formalité, et malgré qu'ils soient encore dans le délai utile, à peine de 50 fr. d'amende, outre la restitution des droits. Mais cette défense relative aux actes, ne peut s'appliquer aux déclarations pour successions. 1º. Les dispositions pénales ne doivent point être étendues d'un cas à un autre; 2º. la loi n'accorde aux héritiers un délai de 6 mois que pour leur laisser le moyen de faire procéder aux inventaires, connaître les fonds de la succession, l'accepter ou y renoncer, et se mettre en état, par des transactions ou arrangemens, d'acquitter les droits résultant de la mutation. Or, ce moyen deviendrait illusoire, si les héritiers étaient tenus de payer les droits avant l'expiration du délai, pour procéder à la vente des biens de la succession. Il n'y a donc ni contravention à la loi, ni peine encourue dans l'espèce proposée, parce que l'héritier ne peut être contraint au paiement du droit de la succession, qu'après que le délai est expiré.

Cette solution, au surplus, ne peut s'appliquer aux testamens, donations, à cause de mort et autres actes qui fondent le droit des héritiers. Ils doivent les faire enregistrer avant d'agir en cette qualité devant notaire ou devant les autorités constituées, à peine de l'amende de 50 francs, portée par l'art. 41, quand même le délai de trois mois, fixé à l'art. 21, ne serait pas expiré.

ART. 377.

AMENDES.

Celles encourues pour contravention à la loi du 13 nivôse an 6, qui établit les droits de passe, doivent être recouvrées par les receveurs de la Régie ?

Il s'était élevé des doutes si, depuis la loi du

14 brumaire an 7, qui a converti en une taxe fixe les amendes prononcées par la loi du 13 nivôse an 6, les receveurs de la Régie devaient continuer de recevoir les amendes relatives aux contraventions antérieures.

Ces doutes étaient fondés sur les dispositions de la loi du 1 4 brumaire, d'après lesquelles les taxes fixes doivent être consignées au greffe du juge-de-paix, ou à l'agent de la commune, ou au receveur de la barrière, et enfin remises à ce receveur, lorsqu'elles ne sont pas dans le cas d'être rendues aux consignataires.

On opposait encore les termes de la circulaire de la Régie, n°. 1442, qui prescrit de ne plus recevoir aucune amende de l'espèce.

On objectait enfin l'usage suivi, de regarder les amendes de contravention aux lois de finances comme un accessoire du produit principal des droits.

Ces raisonnemens ne sont pas fondés, il suffit, pour s'en convaincre, de se fixer sur les termes de la loi du 14 brumaire an 7, et l'instruction contenue dans la circulaire qui en a été la suite.

Cette loi, en changeant *pour l'avenir* la nature de la peine attachée aux contraventions relatives aux droits de passe, n'a rien prononcé sur *celles antérieures*, et on n'y trouve aucune disposition dont l'effet doive remonter au-delà de sa promulgation ; les amendes encourues antérieurement sont donc acquises au trésor public, elles ne sont pas comprises avec les droits affermés (dans les départemens où ces droits ont été mis en adjudication) ; la condamnation a été poursuivie à la requête du ministère public, le recouvrement doit donc en être suivi par les receveurs de la Régie, à qui la recette de toutes les amendes et peines pécuniaires est attribuée.

La circulaire de la Régie, n°. 1442, ne contient rien qui détruise cette opinion ; après avoir rapporté le texte de la loi, la Régie recommande aux directeurs de donner les ordres pour qu'il ne soit plus reçu *aucune amende de l'espèce* ; il ne s'agit donc que des taxes déterminées par la loi du 14 brumaire, et cette défense ne peut s'étendre aux amendes d'une autre nature, que prononçait la loi du 13 nivôse an 6.

A l'égard de la troisième objection, il suffit de répondre que le ministre de l'intérieur, de concert avec celui de la justice, ont décidé, le 2 vendémiaire an 7, que le recouvrement des amendes prononcées par cette loi du 13 nivôse, doit être suivi par les receveurs de la Régie.

La Régie a répondu en conformité aux questions particulières qui lui ont été présentées.

（ 188 ）

A r t.　378.

COMPTABILITÉ.

Valeur admissible en paiement des contributions.

Les pensionnaires et rentiers sont toujours autorisés à acquitter la totalité des contributions des années 5 et 6 avec des bons nominatifs, provenant de leurs rentes ou pensions, antérieurs au second semestre de l'an 6 ; et dans le cas où leurs bons ne seraient pas suffisans pour payer la totalité des contributions dont ils peuvent être redevables, ils ont aussi la faculté de payer en bons du syndicat ; mais cette dernière valeur n'est admise que pour moitié de la somme qui reste à solder, et l'autre moitié en numéraire. Les deux premiers coupons de l'emprunt forcé de l'an 4 sont encore reçus en paiement des contributions, mais pour l'an 3 seulement.

Bons du Syndicat.

Les contribuables qui n'ont ni rentes, ni pensions sur l'état, ne peuvent s'acquitter de ce qu'ils sont redevables, que moitié en numéraire, et l'autre moitié en bons du syndicat.

An VII.

On peut se libérer du principal des contributions foncière, mobilière, personnelle et somptuaire, et subvention de guerre établie par la loi du 6 prairial an 7, avec des bons au porteur, provenant du dernier semestre de l'an 6 et du premier semestre de l'an 7. Les bons du syndicat sont aussi admissibles pour cette année, mais pour la moitié seulement, toujours du principal de la somme dont on peut être reliquataire ; et dans ce cas, il faut indispensablement solder l'autre moitié en numéraire. On observe que les bons au porteur résultant du dernier semestre de l'an 7, ne sont point admis en paiement des contributions de cet exercice, ils ne sont reçus que pour celles de l'an 8 ; ceux du dernier semestre de l'an 6 et du 1er. semestre de l'an 7, ne sont pas reçus non plus en paiement des contributions de l'an 8. Cette distinction est importante à saisir.

Tous les bons au porteur sont reçus dans les caisses des douze percepteurs de Paris, sans aucune formalité ; mais, dans celles des percepteurs des cantons ruraux, ils ne peuvent l'être qu'après avoir été convertis en rescriptions nominatives par la trésorerie nationale ou par le receveur-général, enfin par ses préposés de Franciade et de Bourg-Égalité. (Article 8 de l'arrêté des consuls de la République, du 18 frimaire an 8.) Les contribuables sont tenus de payer les appointemens en numéraire.

Patentes, an 7.

La totalité des droits de patente, excepté le dixième, qui est assignée par la loi aux municipalités, peut se payer avec des bons au porteur, provenant seulement du dernier semestre de l'an 6 et du premier semestre de l'an 7, après avoir été préalablement convertis en rescriptions nominatives par la trésorerie nationale.

Patentes, an 8.

On peut s'acquitter de cet exercice avec des bons seulement du dernier semestre de l'an 7, en remplissant les mêmes formalités que celles exprimées à l'article de l'an 7.

Bons de réquisitions.

Les bons de réquisitions pour fournitures ou frais de transport aux armées, depuis le premier germinal an 7, ou provenant de la levée extraordinaire des chevaux pour le service des

armées , ordonnée par la loi du 4 vendémiaire an 8 , ces bons sont reçus en paiement des contributions directes de l'an 8 et années antérieures , cependant leur admission
les soumet à quelques formalités qui se trouvent
déterminées par les arrêtés des consuls de la
République , du 29 frimaire et 5 pluviôse an
8 ; et d'après les dispositions qu'ils renferment,
il est nécessaire que les citoyens qui ont
fourni aux réquisitions , et qui se trouvent
porteurs de bons qu'ils n'auraient pas encore
employés en paiement de leurs contributions ,
en fassent la déclaration à Paris , à la commis-
sion des contributions directes , et dans les cantons ruraux , devant leur administration municipale qui leur en donnera acte , au moyen duquel il ne pourra être exercé contre eux aucune
poursuite par raison de leurs contributions
directes , dans le même département , jusqu'à
concurrence du montant des bons existant
entre leurs mains.

Tout citoyen qui , sans avoir fourni personnellement aux réquisitions , se trouverait
porteur de bons , est pareillement tenu d'en
faire sa déclaration devant lesdites administrations.

ANNONCE.

Un jeune homme de dix-huit ans, qui a travaillé dans un bureau d'enregistrement de chef-lieu de canton, depuis le mois de brumaire an 5, jusqu'en fructidor an 6, ensuite dans un bureau de chef-lieu de ci-devant district, depuis cette époque jusqu'à ce jour, desirerait trouver une place de commis dans une direction ou dans un bureau; il offre les meilleurs certificats, et le receveur de Chauny, département de l'Aisne, qui nous envoie cette note, est prêt à les fournir.

S'adresser au citoyen LECAMUS, *receveur à Chauny.*

Avis. Les directeurs de la Tontine immobiliaire répondent aux questions qui leur ont été faites.

1°. Que le *visa* des actions pourra être fait dans les départemens, par les préposés de l'établissement.

2°. Que l'intérêt des actionnaires leur commande de remettre leurs actes de naissance, en prenant des actions, afin qu'il ne puisse pas y avoir lieu à des erreurs ou omissions, dont les conséquences pourraient priver les actionnaires des bénéfices de leurs actions; que s'il se trouvait des actionnaires qui, pour cause d'éloignement ou autre, ne pussent pas fournir leurs actes de naissance, dans ce cas, ils doivent porter la plus scrupuleuse exactitude dans la déclaration de leurs noms, prénoms, lieux et dates de leur naissance.

INSTRUCTIONS
DÉCADAIRES

SUR L'ENREGISTREMENT, DROITS Y RÉUNIS, ET
DOMAINES NATIONAUX,

*Rédigées par une Société d'Employés de la
Régie de l'Enregistrement et du Domaine
national.*

(N° 49.)

ART. 379.

ENREGISTREMENT.

*Une adjudication est faite par suite d'un jugement
d'expropriation, peut-on différer le paiement des
droits auxquels elle donne ouverture, parce qu'il
y a appel du jugement d'expropriation ou d'adjudication ?*

L'article 23 de la loi du 11 brumaire an 7,
porte : « Le saisi ni ses créanciers ne peuvent
» exciper contre l'adjudicataire d'aucuns moyens

» de nullité ou omissions de formalités dans les
» actes de la poursuite, qu'autant qu'ils les au-
» raient proposés à l'audience où l'adjudication
» aura eu lieu, sauf l'appel, tant du jugement
» intervenu à cet égard, que de celui d'adjudi-
» cation, si l'on opposait à ce dernier quelque
» nullité ou l'omission de quelqu'une des forma-
» lités prescrites ».

L'appel, a-t-on dit, que peuvent faire le
saisi ou ses créanciers, du jugement d'expropriation ou d'adjudication, suspend l'effet de
l'adjudication. L'acquéreur ne peut devenir propriétaire incommutable, que lors d'un jugement confirmatif; jusques-là le débiteur n'est
pas dessaisi irrévocablement de sa propriété,
et il n'y a point de transmission réelle. On ne
peut donc exiger le droit dû pour transmission
d'immeubles.

Ce raisonnement n'est point exact. Une adjudication faite à la chaleur des enchères est un
acte translatif de propriété, dont le droit est
exigible dans les délais fixés par la loi; en
vain en conteste-t-on la légitimité. L'article 8
de la loi du 11 brumaire, porte, paragraphe 3 :
« Le débiteur ne peut, à compter du jour de
» l'inscription prescrite par l'article 6 de la noti-
» fication des procès-verbaux d'affiches, dispo-
» ser de la propriété; et est tenu, aussitôt la si-
» gnification du jugement d'adjudication, et de

" sa transcription au bureau des hypothèques, de
" délaisser la possession ". Le débiteur est donc
dessaisi du jour de l'adjudication, et l'acquéreur, propriétaire jusqu'à jugement contraire,
doit le salaire de la formalité, sauf la restitution
du montant du droit qu'il exigerait, ainsi que
les loyaux coûts de celui auquel serait passée la
nouvelle adjudication.

L'article 28 de la loi du 22 frimaire an 7, défend d'atténuer ou différer le paiement des droits,
sous prétexte de contestation sur la quotité, ni
pour quelqu'autre motif que ce soit, sauf à se
pourvoir en restitution, s'il y a lieu.

(Solution de la Régie, du 26 pluviôse an 8).

A R T. 380.

A M E N D E S.

Q U E S T I O N.

*Avant de se pourvoir en cassation, en inscription de
faux ou en requête civile, la loi ordonne une consignation d'amende de 150 francs, 60 francs et
150 francs, sur lesquels on perçoit le décime par
franc. La demande accueillie, etc. La restitution
des amendes ordonnée, le décime par franc est-il
également restituable ?*

Il est de principe que l'accessoire suit le sort
du principal; dans l'espèce, il n'y a point de

principal acquis à la nation. Une consignation n'est qu'un dépôt, et du moment où la remise de ce dépôt est ordonnée, tout ce qui a formé l'objet de la consignation doit être restitué. On pourrait objecter que le décime par franc est une imposition à titre de subvention de guerre, et qui est censée acquise dès l'instant que le paiement en est fait; mais la partie, qui s'est seulement soumise au vœu de la loi, ne doit réellement rien tant que le jugement n'est pas prononcé, et ce n'est que du moment où sa demande est rejetée que la somme qu'il a consignée est vraiment acquise, tant en principal qu'accessoires. Notre opinion est donc, que le décime par franc est restituable en même tems que le principal. Nous invoquerons à l'appui de cet avis les principes de la législation ancienne; un édit du mois de novembre 1771, portait que les sous pour livre ne pourraient être restitués avec le principal des amendes. Un arrêt du 30 avril 1783, a ordonné, qu'à l'avenir, les sous pour livre payés en sus des amendes de consignation et de condamnation seraient restitués ou rendus toutes les fois qu'il y aurait lieu à la restitution du principal.

ART. 381.

BAIL A COLONAGE.

Comment doit être considéré, et de quel droit est passible un bail à colonage, stipulé pour une année, et ensuite pour autant de tems qu'il plaira aux parties, aux clauses et conditions exprimées dans l'acte ?

La durée de ce bail étant subordonnée à la volonté réciproque des parties, n'a point de terme fixe ; en conséquence, la jouissance du preneur n'est point limitée, et le droit fixé par l'article 69, paragraphe 3, numéro 2, de la loi du 22 frimaire, ne peut lui être appliqué.

D'un autre côté, la faculté que se sont réservée les parties, de faire cesser le bail sur la réquisition de l'une d'elles, ne permet pas de considérer rigoureusement cette durée comme illimitée, et de percevoir le droit réglé par le paragraphe 7 du même article, pour les baux à rente perpétuelle ; mais entre une époque déterminée et celle illimitée, il existe un terme moyen qui est celui de la vie des contractans. La disposition insérée au bail, a pour objet d'exciter le colon à bien cultiver, et de le contenir par la crainte d'être expulsé : tout porte donc à croire que tant qu'il remplira ses engagemens, sa jouissance sera continuée ; dès lors il est probable que le décès seul de l'une des parties, sera le terme de la durée de la convention. Au surplus, sous le rapport de l'intérêt de l'agriculture, il n'est point d'acte qui mérite autant de faveur que ces baux ; c'est donc allier l'équité aux principes, que de considérer un pareil bail comme s'il eût été fait à vie, et de percevoir en conséquence le droit à raison de 4 pour cent sur le capital, au denier dix, du revenu qui tourne au profit du propriétaire, conformément au paragraphe 7, précité, de l'article 69.

(Solution de la Régie, du 22 pluviôse an 8).

ART. 382.

CONTRAT DE MARIAGE.

Quel droit d'enregistrement opère la clause insérée dans un contrat de mariage, par laquelle le père de la future s'oblige, sans limitation de tems, de loger, nourrir, entretenir, chauffer et éclairer les époux, et même leurs enfans à naître, et de leur donner une somme d'argent par an, à condition que lesdits époux donneront leurs soins, peines et travaux au profit de leur père et beau-père ?

On pourrait prétendre que cette disposition, vu la charge imposée aux conjoints, doit être

regardée comme une *convention pour nourriture*,
et acquitter, conformément au nombre 5 du paragraphe 2 de l'article 69 de la loi du 22 frimaire, le droit de deux pour cent, sur le capital,
au denier dix de la valeur annuelle des nourriture,
entretien, etc.

Mais il est plus conforme aux principes, et
plus favorable aux parties, de voir dans la clause
un avantage, une portion de la constitution dotale de la future, d'établir en conséquence la perception à raison de 62 centimes et demi par 100
francs, sur le capital, au denier dix, de la valeur annuelle de l'objet. Cette estimation doit,
aux termes de l'article 16 de la loi, être faite par
les parties avant l'enregistrement, et certifiée
au pied de l'acte.

Art. 383.

Les actes et procès-verbaux dont l'objet est de pour-
suivre le recouvrement des droits d'octroi des com-
munes, ou de constater les contraventions aux lois
qui les établissent, doivent-ils être enregistrés
gratis ?

Au nombre des délits et contraventions qui
peuvent naître à l'occasion des droits d'octroi,
il en est qui doivent être poursuivis devant les

tribunaux de police correctionnelle ou criminels, et qui peuvent exiger l'intervention des directeurs de jury et des officiers de police ; alors, les actions auxquelles les contraventions peuvent donner lieu doivent être comprises dans la classe des actions qui intéressent la vindicte publique, et soumises aux formalités indiquées par la circulaire de la Régie, du 2 prairial an 7, numéro 1566. Ce ne sont point ces sortes d'actions qui font l'objet de la question.

Il s'agit ici des actes et procès-verbaux des commissaires du gouvernement et agens de police, et des préposés eux-mêmes, qui ont pour objet le recouvrement des droits d'octroi ou les contraventions aux lois qui les établissent.

Si on considérait seulement ces sortes de droits comme une contribution locale, on devrait leur appliquer les dispositions du paragraphe 2 de l'article 70 de la loi du 22 frimaire, qui porte que les actes *pour le recouvrement des contributions locales, seront enregistrés gratis, lorsque la cotte sera de vingt-cinq francs et au-dessous.*

Mais les droits d'octroi sont autant un revenu ordinaire des communes qu'une contribution locale ; ils sont spécialement destinés à l'acquit des dépenses communes et municipales, à

celles des hospices et secours à domicile ; l'administration de ces droits fait partie des attributions
municipales ; et l'exception précitée, paraît d'autant moins devoir leur être appliquée, qu'ils ne
sont pas établis par cottes.

Or, toutes les actions qui concernent spécialement les communes, doivent suivre les mêmes
règles que les actions concernant les particuliers.
Ainsi, les poursuites faites pour la conservation
des intérêts d'une commune, doivent être soumises à l'enregistrement ; les principes à cet égard
sont rappelés dans la circulaire précitée, nº. 1566.

Cette conséquence doit s'appliquer aux poursuites pour le recouvrement des droits d'octroi,
et aux procès-verbaux rapportés pour contravention aux lois qui les établissent.

(Solution de la Régie, du 18 pluviôse an 8.)

ART. 384.

Un négociant fait acte d'attermoiement avec ses
créanciers ; et pour déterminer l'un d'eux à signer
l'acte, il reconnaît, par acte notarié, que son
adhésion a pour condition expresse l'engagement
qu'il prend d'acquitter en totalité sa créance. Cet
acte est-il passible du droit proportionnel ou du
droit fixe ?

Au vœu de l'article 4 de la loi du 22 frimaire
an 7, le droit proportionnel ne se perçoit que

sur les actes contenant obligation, libération ou transmission. Or, l'acte dont il s'agit, n'a aucun de ces effets ; la créance qui y est reconnue était privilégiée ; elle ne pouvait être dénaturée que par un acte en forme. Le créancier n'a donné son adhésion à l'attermoiement que sous la foi de la promesse des débiteurs de lui fournir une sorte de contre-lettre pour lui assurer l'intégrité de sa créance ; et cette contre-lettre ne fait que confirmer le titre primitif. Si donc ce titre a été revêtu de la formalité, ou si c'est une lettre-de-change qui en est exempte, on ne peut percevoir un droit proportionnel sur le nouvel acte ; et il n'est dû que le droit fixe comme pour une notification.

ART. 385.

TIMBRE.

Deux journaux, différens entr'eux de date et de numéros, peuvent-ils être imprimés sur la même feuille de papier timbré, sans contravention à la loi du timbre?

Plusieurs journalistes, pour se soustraire à une partie des droits de timbre, impriment sur une seule et même feuille de papier d'une dimension au-dessous de vingt-cinq décimètres, deux numéros de leurs journaux, qui font suite l'un à l'autre ; l'arrangement de l'impression est dirigé de manière en ce qu'en détachant chaque demi-feuille, chaque numéro est de même format et se suit dans l'ordre de lecture. La loi du 9 vendémiaire an 6 , disent-ils , en assujétissant les journaux au timbre, fait porter la quotité du droit sur la dimension du papier employé à l'impression ; il n'y a dans l'espèce , qu'une seule impression et une seule livraison, les demi-feuilles ne sont point détachées.

La loi ne s'oppose point à ce qu'il y ait un seul narré pour les nouvelles de deux jours : le narré compose l'intégration de la feuille de papier ; la différence des numéros n'est qu'un objet d'ordre dans la rédaction ; enfin, la loi du 6 prairial an 7, qui assujétit les supplémens aux mêmes droits que les journaux et papiers-nouvelles, ne s'applique qu'à ceux imprimés séparément sur des feuilles ou demi-feuilles détachées; mais lorsqu'il n'y a qu'une seule impression et qu'une seule feuille pour deux numéros, on ne doit y voir qu'un seul corps du journal qui est distribué périodiquement tous les deux jours.

Pour détruire ces allégations, il suffit de consulter les lois ; elles désignent *les journaux, gazettes, feuilles périodiques et papiers-nouvelles*. Le sens attaché à ces expressions, indique assez que chaque journal ou feuille périodique ne se com-

pose que du narré compris sur un seul numéro,
c'est l'œuvre de chaque jour, et cela est si vrai,
que chaque numéro porte la date du jour, et
qu'il se distribue aussi chaque jour aux abonnés
de Paris, et à ceux des communes où la poste arrive journellement.

Il est vrai que la quotité du droit de timbre
est basée sur la dimension du papier; mais c'est
uniquement parce que ce droit est proportionnel,
et qu'il était indispensable d'indiquer la mesure
de proportion par la dimension, et on ne peut
sainement en induire que cette mesure du droit
donne définitivement la faculté de réunir sur la
même feuille plusieurs journaux, lorsque l'œuvre
en est divisé par la différence des dates et des numéros. On convient que les droits de timbre sur
les papiers publics, avis et affiches, ont été établis par des lois particulières, et que ces lois ne
contiennent point des dispositions spéciales pour
déterminer l'emploi des papiers; mais il est évidemment dans leur esprit qu'on y applique le principe général qui interdit de placer deux actes sur
la même feuille, sauf quelques exceptions : ce
principe tient à l'essence de ce genre d'impôt, et
l'on doit en tirer la conséquence, ainsi que des
expressions des lois des 9 et 13 vendémiaire an 6,
et 6 prairial an 7, que deux journaux différant
entr'eux de date et de numéros, ne peuvent être

imprimés sur la même feuille de papier ; et qu'il y a lieu de dresser des procès-verbaux de contravention de ce genre.

(Solution de la Régie , du vingt-neuf pluviôse an huit).

A r t. 386.

Ordonnances de décharge , remises ou modérations de contributions directes.

Une administration de département avait consulté le ministre des finances sur la question de savoir si les ordonnances de décharge , remises ou modérations accordées par les administrations centrales , pour contributions directes, ne devaient pas être exemptes de la formalité du timbre ; le ministre a répondu , le 18 pluviôse an 8 :

« Le numéro 6 , du troisième § de l'art. 70 de
» la loi du 22 frimaire an 7 , ayant déclaré ces
» ordonnances exemptes de l'enregistrement , il
» s'ensuit que leurs minutes doivent profiter de
» l'exemption prononcée par le deuxième alinéa
» de l'article 16 de la loi du 13 brumaire an 7 ,
» en faveur des minutes des actes des administra-
» tions , qui ne sont point sujets à l'enregistre-
» ment sur ces minutes.

» Quant aux expéditions ou extraits de ces or-

" donnances, dont les parties requièrent la déli-
" vrance, ils doivent incontestablement être sur
" papier timbré de 75 centimes, ainsi qu'il ré-
" sulte du neuvième alinéa de l'article 12 et de
" l'article 19 de cette dernière loi.

" Mais si ces expéditions ou extraits sont dé-
" livrés aux préposés des contributions, il y a
" lieu à l'exécution portée par le deuxième alinéa
" de l'article 16, en faveur des administrations
" et fonctionnaires publics, en y faisant men-
" tion de cette destination ".

ART. 387.

COMPTABILITÉ.

FRAIS D'EXPERTISE.

*Paiemens des experts nommés par les administra-
tions centrales et par les directeurs des domaines
pour faire l'estimation de biens nationaux en remplacement de ceux des hôpitaux qui ont été vendus.*

La loi du 16 vendémiaire an 5, qui conserve les hospices dans la jouissance de leurs biens, charge les administrations centrales de se faire remettre l'état des
biens vendus dépendans des hospices situés dans leur
territoire, et de désigner des domaines nationaux du
même produit en remplacement des biens vendus; et ce,
d'après une estimation faite par deux experts, dont l'un

nommé par elles, et l'autre par le directeur des domaines nationaux.

On a demandé si la République doit payer, outre l'expert nommé par le directeur des domaines, celui qui est nommé par l'administration centrale, ou bien si ce dernier sera payé par l'hospice.

On a pensé qu'il n'était pas dans l'intention de la loi de faire supporter aux hôpitaux, dont les biens ont été vendus, les frais de l'estimation ordonnée par la loi précitée. Puisque la loi rétablit les hospices dans la jouissance de leurs biens, et que ceux vendus doivent leur être remplacés par des biens nationaux du même produit, il est indispensable que la République fasse estimer les biens qu'elle veut abandonner. L'administration centrale désigne ces biens et nomme un expert pour les estimer : le directeur des domaines en nomme un autre ; ce travail n'est encore que préparatoire ; et d'après l'article 8 de la loi, il n'aura son effet qu'en vertu d'une loi expresse : les administrateurs de l'hospice ne sont point appelés pour contredire l'estimation. Il ne serait pas juste que les frais de cette opération, qui sert de base à l'exécution de la loi, fussent mis à la charge des hospices. Les directeurs ne doivent donc faire aucune difficulté de viser et faire acquitter, par les receveurs des domaines, les mandats délivrés par les administrations centrales pour le paiement des deux experts qui ont procédé à l'estimation dont il s'agit.

(Solution de la Régie, du 15 ventôse an 8).

A R T. 388.

Actes du gouvernement, relatifs aux finances.

DOMAINES NATIONAUX.

Prix de vente.

Un arrêté du 15 nivôse an 7 admet comme numéraire les billets du syndicat et les effets délivrés aux délégataires sur les contributions et autres produits arriérés des années 5, 6 et 7, en paiement du prix total des domaines ruraux.

Un nouvel arrêté du gouvernement, du 22 ventôse dernier, porte les dispositions suivantes :

« Art. Ier. Les acquéreurs de domaines ruraux qui voudront acquitter tout ou partie du prix de leurs acquisitions, avec les effets mentionnés en l'arrêté du 15 nivôse dernier, seront tenus d'en effectuer la remise au trésor public dans les trois mois qui suivront leur adjudication.

» II. Ceux d'entr'eux qui auront une fois souscrit des obligations, ne pourront les acquitter qu'en numéraire effectif. »

E R R A T A.

Au n°. 48, fol. 188, art. 378, il est écrit : *Les contribuables ne peuvent s'acquitter de ce qu'ils sont redevables que moitié, etc. ;* lisez : *de ce dont ils sont redevables pour les contributions directes, etc.*

INSTRUCTIONS

DECADAIRES

Sur l'Enregistrement, Droits y réunis, et Domaines nationaux.

Rédigées par une Société d'Employés de la Régie de l'Enregistrement et du domaine national.

N°. 5o.

ART. 391.

ENREGISTREMENT.

Les lettres-de-change dans lesquelles les mots ou ordre ne sont pas exprimés, sont-elles passibles de la formalité et du droit d'enregistrement en cas de protêts ?

Non.

La loi de l'enregistrement a fait, en faveur des lettres-de-change, une exception formelle ; elle a voulu que rien ne pût entraver le cours

14

de ces effets, aussi rapide que celui de la monnaie. Aussi ceux-là seuls peuvent jouir de cette faveur, qui réunissent les caractères d'une lettre-de-change. Or, l'ordonnance du commerce de 1673, exige le concours de trois personnes pour une lettre-de-change, le tireur, celui qui doit l'acquitter, et celui au profit duquel elle est passée. Il faut, en outre, que la lettre soit tirée de place en place.

Ces conditions suffisent donc pour constituer une lettre-de-change et lui assurer l'exemption de la formalité, quoiqu'elle ne soit stipulée payable qu'à un individu et non à son ordre, et que par conséquent elle ne soit pas susceptible d'endossement.

Mais il arrive souvent que pour éviter le droit d'enregistrement auquel les billets à ordre sont sujets dans le cas de protêts, ceux qui les souscrivent leur donnent une forme de lettre-de-change. Il n'y a cependant ni le concours de trois personnes, ni la remise de place en place, et il suffit de l'omission de l'une de ces conditions pour que l'effet soit susceptible de l'enregistrement, comme billet ou promesse s'il n'est pas fait *à ordre* ou comme billet à ordre dans le cas contraire.

La découverte des contraventions de ce

genre paraît devoir fixer l'attention des préposés de la Régie.

ART. 392.

TRANSFERT D'INSCRIPTION.

Transfert par Pierre à Paul d'une rente sur l'Etat,
moyennant 10,000 francs, dont le vendeur re-
connaît se trouver rempli par la quittance, que
lui donne l'acquéreur, de pareille somme mon-
tant d'une obligation authentique, précédemment
souscrite par lui envers ce dernier.

Il s'est élevé, au sujet d'un acte de cette
nature, une question assez importante; on a
demandé s'il était assujéti à la formalité de
l'enregistrement. Quelques-uns ont prétendu
qu'il y avait dans l'espèce double libération,
l'une en faveur de l'acquéreur pour le prix de
la chose acquise, l'autre en faveur du vendeur pour le prix *d'une obligation dont il est*
libéré par l'acquéreur. Que cette dernière disposition étant absolument étrangère à l'acte
de transfert, et ne participant nullement de
sa nature, elle ne pouvait jouir de la faveur
accordée, par la loi du 22 frimaire an 7, à
ces sortes d'actes, qui ne sont soumis ni à la
formalité, ni au droit d'enregistrement; et,

qu'en conséquence, il y avait lieu de percevoir, sur le montant de l'obligation, un droit de 50 centimes pour 100 francs, comme quittance.

Cette opinion nous paraît contraire aux principes.

Le transfert est fait en paiement d'une somme due; mais la loi ayant prononcé l'exemption pour tous les transferts d'inscription généralement, il en résulte que ceux dont le prix est payé par compensation, se trouvent dans le cas de l'exception comme les autres. La stipulation relative au paiement est une simple condition, qui ne change rien à la nature de l'acte, laquelle le rend exempt de l'enregistrement.

ART. 393.

ENGAGEMENT.

Acte par lequel un particulier se reconnaît débiteur envers un autre de la somme de 1000 francs, et pour lui tenir lieu des intérêts de cette somme, il lui cède, pendant neuf ans, la jouissance d'un héritage. Comment doit être liquidé le droit d'enregistrement?

Les fruits ne devant point être comptés ni imputés sur les capitaux, cet acte n'est pas un simple bail à ferme ou à loyer, mais un antichrèse, un contrat d'engagement, qui peut être illimité dans sa durée, puisqu'il est de l'essence de ce contrat, que l'engagiste jouisse jusqu'à son parfait remboursement, quoique sa jouissance ait été fixée par l'acte. Ainsi, il doit être perçu 2 pour cent sur 1000 francs, suivant l'art. 69, parag 5, n°. 5 de la loi du 22 frimaire an 7.

ART. 394.

CONTRAT DE MARIAGE.

Abandon fait à la future, par sa mère dans son contrat de mariage, d'une maison acquise par ses père et mère pendant leur communauté, pour la remplir de ses droits héréditaires dans la succession de son père. Quel droit opère cette clause?

AUCUN. La future ayant un droit échu dans cette maison, ainsi que dans les autres meubles et immeubles de la succession de son père, le délaissement qui lui a été fait pour la remplir de sa portion héréditaire, ne peut être considéré ni comme une cession, ni comme une donation, mais comme une délivrance de ses droits successifs qui forment son apport, ou qui en font partie.

ART. 395.

BAIL A FERME.

Un particulier consent un bail d'héritages, pour onze années, moyennant 1000 francs par an, et à la charge de payer une somme de 200 francs à son beau-père, non présent ni acceptant, tout le temps que le bailleur ne manifestera pas par écrit une intention contraire.

Il s'est élevé des opinions différentes sur la perception des droits de cet acte.

Les uns ont considéré la délégation de la rente de 200 francs comme un avantage indirect, une donation de la part du gendre à son beau-père, et ont voulu exiger un droit de 2 francs 50 centimes par 100 francs sur le montant des années réunies.

Les autres ont prétendu que cette clause ne renfermait qu'un pouvoir donné par le gendre au beau-père, à l'effet de recevoir une partie du loyer, puisque le gendre pouvait, d'un instant à l'autre faire cesser l'effet de la délégation; qu'en conséquence, cette disposition ne devait opérer qu'un droit fixe d'un franc.

Aucune de ces deux perceptions ne nous paraît fondée.

C'est ici un bail au prix de 1200 francs, dont 200 délégués à un tiers pour le compte du bailleur. Dès que les termes de la clause n'annoncent aucune intention de libéralité, il n'est dû, outre le droit du bail sur 1200 fr., que le droit particulier, comme obligation sur 2200 fr., montant des onze années cumulées, sauf la restitution en cas d'exhibition d'un titre enregistré.

ART. 396.

REMBOURSEMENT DE DOT.

Pierre et sa femme ont donné en dot, à leur fille, 6000 francs par contrat de mariage passé en pays de droit écrit ; sur cette somme, 2000 francs ont été payés comptant, ainsi que le futur l'a reconnu, et les 4000 francs restant doivent être payés, à sa première réquisition, en biens-fonds.

Par acte postérieur, les père et mère cèdent une métairie de valeur de 4000 francs, et le gendre les reconnaît quittes de la constitution dotale, et hypothèque tous ses biens présens et à venir, pour la garantie des droits de sa femme, à raison de sa dot. De quels droits ce dernier acte est-il passible?

En pays de droit écrit, l'aliénation du fonds dotal, même avec le consentement de la femme est défendue ; l'on excepte seulement le cas où le fonds a été donné au mari avec estimation à une somme fixe, parce que l'effet

de cette estimation est de transporter au mari la
propriété du fonds, et de le rendre seulement
débiteur du prix.

Si l'immeuble est dotal, c'est une donation
faite, en ligne directe, par contrat de mariage,
et non une cession particulière au mari. Il en est
autrement si l'immeuble n'est pas dotal, et si
le mari en devient propriétaire en payant le prix
stipulé.

Il est de principe que lorsqu'un père donne
en dot à sa fille un fonds estimé, ce fonds
n'est pas dotal, il n'y a que le prix stipulé qui
le soit, parce que l'effet de l'estimation est de
transporter au mari la propriété du fonds, et
de le rendre débiteur du prix; la femme ni
ses héritiers n'ont pas la liberté de reprendre
le fonds, et les héritiers du mari ne peuvent
contraindre la femme à le reprendre. Le mari
en devient propriétaire incommutable, jusques-
là, même que non-seulement les héritiers du
mari, mais encore ses créanciers, ont droit de
retenir l'immeuble, même au préjudice de la
femme, en payant le prix stipulé.

Dans l'espèce, il a été constitué dans le
contrat une somme de 6000 francs; la femme
n'a qu'une action mobiliaire, jusqu'à concurrence de cette somme, sur les biens de son

mari. L'abandon qui lui est fait par son beau-père, d'une propriété estimée 4000 fr. pour le remplir de la constitution dotale, est une véritable cession immobiliaire, puisqu'il devient propriétaire incommutable du bien, et peut en disposer à son gré. Les droits de cet acte doivent donc être liquidés à raison de 4 pour cent.

En pays coutumier, dans l'espèce proposée, le bien serait propre à la femme, et bien dotal, ce qui ne changerait pas la perception, parce qu'il y aurait également transmission à son profit d'un immeuble, en paiement d'une créance de 4000 fr.

On suppose que, par le contrat de mariage, l'option de payer en fonds était réservée aux père et mère de la future épouse; car si elle était déférée à cette dernière, l'effet serait tout différent. Elle aurait été saisie, dès ce moment, d'une part indivise dans les biens de ses père et mère, à concurrence de la somme promise, et le droit aurait été perceptible sur ce contrat comme pour une donation d'immeuble; mais aussi lors du paiement effectué, l'épouse serait censée recevoir les fonds à titre de partage; il n'y aurait pas de nouvelle transmission, et le droit ne serait dû que sur le pied d'un demi pour cent, fixe pour les actes de libération.

ART. 397.

CONTRAT DE MARIAGE

Droits légitimaires acquittés en une constitution dotale, mobiliaire et immobiliaire.

On demande quels sont les droits d'enregistrement à percevoir sur un contrat de mariage *passé après la célébration*, contenant les dispositions suivantes :

1°. Institution d'héritier en faveur du futur par sa mère.

2°. Constitution dotale, par la mère, en faveur de la future, de 1575 francs ; payables, tant en fonds qu'en argent, et un ameublement évalué 200 francs ; ladite constitution pour tenir lieu à la future de tous ses droits de légitime, paternels et maternels.

A compte du montant de cette constitution, la future reconnaît avoir reçu, savoir :

1°. L'ameublement.

2°. 675 francs, au moyen de l'abandon que sa mère lui a fait d'une pièce de terre labourable acquise de ses deniers.

3°. 150 francs en argent.

Quant aux 750 fr. restant, la mère s'oblige de les payer en deux ans.

Si les droits de la future avaient été réglés en argent par feu son père, la somme serait censée comprise dans les 1575 francs que sa mère lui constitue ; il n'y aurait pas de transmission, et l'on devrait appliquer la circulaire du 12 frimaire dernier, n°. 1709.

Dans le cas contraire, la mère, par l'effet de la clause, devient propriétaire de la portion des biens paternels, meubles et immeubles, dont la future se trouvait saisie ; la déclaration doit en être faite, et le droit payé à raison de 4 pour cent sur les immeubles, et de 2 pour cent sur la partie mobiliaire.

Le montant de l'objet de la cession devra être déduit des 1575 francs ; et le restant, censé donné par la mère, opérera le droit de 1 franc 25 centimes par cent francs, réglé pour les donations mobiliaires en ligne directe, le contrat qui renferme celle-ci étant passé après le mariage.

Il est dû, en outre, deux droits fixes, chacun de 3 francs, l'un pour le contrat de mariage en lui-même, l'autre, l'institution d'héritier qui y est contenue.

A R T. 398.

Du 1er. ventôse an 8.

Jugement de cassation rendu sur le rapport du cit. Bossis, contre le cit. Sanson.

Les jugemens contenant condamnation de sommes déterminées, sont assujétis au DROIT PROPORTIONNEL, quoique les actes qui leur ont servi de base, aient été préalablement enregistrés.

Le citoyen Sanson ayant vendu une coupe de bois taillis, par acte sous-seing-privé, fut obligé d'en poursuivre le paiement en justice contre les acquéreurs. En conséquence, *il fit enregistrer* son titre, et fit assigner ses débiteurs par-devant le tribunal civil de la Manche, qui les condamna à payer la somme convenue par un jugement du 9 floréal an 6.

L'expédition de ce jugement, présentée à l'enregistrement, fut taxée au droit proportionnel de 52 francs 50 cent., à raison de 50 cent. par 100 fr.

Le citoyen Sanson prétendit que le receveur aurait dû percevoir seulement un droit fixe de 2 francs, et se pourvut en restitution au tribunal civil de la Manche, où il invoqua, à l'appui de sa prétention, les quatrième et cinquième sections de la troisième classe du tarif de 1790, et les articles, 45, 46 et 47 de la loi du 9 vendémiaire an 6, dont il tirait de très-fausses inductions.

Cependant le tribunal de la Manche se laissa éblouir par des subtilités, et décida, par jugement du 4 prairial an 7, qu'il n'était dû dans l'espèce *qu'un droit fixe;*

parce que, autrement, *on percevrait deux droits proportionnels sur un même acte et pour un même fait.*

Ce jugement portant un préjudice notable aux intérêts de la république, et tendant à anéantir une des branches de la perception, les régisseurs de l'enregistrement s'empressèrent d'en provoquer la réformation.

Ils exposèrent dans leurs moyens, que les droits établis *sur les actes*, et ceux établis *sur les jugemens*, étaient des droits *différens*, tariffés *dans des classes séparées*; ce qui suffisait pour convaincre que le droit perçu sur les uns, n'était pas exclusif du droit à percevoir sur les autres.

L'article 8 de la loi du 19 décembre 1790 soumettait les actes notariés à l'enregistrement dans un délai déterminé.

L'article 11 ordonnait qu'on ne pût signifier ou produire en justice, les actes sous signatures privées *avant de les avoir fait enregistrer*, à peine de nullité.

Le tarif annexé à la loi désignait ensuite par l'article 11 de la première section de la première classe comme sujettes au droit de 5 s. par cent, « *les expéditions de jugement des tribunaux de commerce et de district, contenant condamnation, liquidation, collocation, obligation, attribution ou transmission de sommes déterminées et valeurs mobiliaires, tant en principaux qu'intérêts et dépens liquidés* ».

Il résultait clairement de cet article, que les *expéditions* de jugemens contenant condamnation de sommes déterminées étaient sujettes *au droit propor-tionnel*, et non pas au droit fixe.

L'article 44 de la loi du 9 vendémiaire an 6 venait à l'appui de cette vérité; il conservait formellement *les droits proportionnels réglés par la première sec-tion de la première classe du tarif de 1790*, qu'il dé-clarait même étendre aux jugemens de toutes espèces de tribunaux, et il *doublait* la perception de 25 cent pour les jugemens émanés des tribunaux civils et de commerce.

Sur quoi le citoyen Sanson, et après lui le tribunal de la Manche, s'étaient-ils appuyés pour établir cette législation ?

1°. Sur l'article 45 de la loi du 9 vendémiaire an 6, qui dit que, lorsque *le droit proportionnel aura été perçu sur un jugement rendu par défaut, le juge-ment contradictoire ne paiera plus qu'un droit fixe, à moins qu'il ne contienne augmentation de con-damnation.*

Cet article confirme la règle au lieu de la détruire, puisqu'il y est question d'un *droit proportionnel.*

2°. L'art. 46 de la même loi, ainsi conçu : « Dans » le cas où les actes et jugemens des juges de paix, » bureaux de paix, des tribunaux civils et de com-» merce contiendraient *obligation de l'une des parties* » *à l'égard de l'autre*, ou une condamnation quelcon-» que, *non fondée sur un titre enregistré et suscep-* » tible de l'être, il sera perçu *les mêmes droits que* » ceux auxquels seraient soumises les condamnations, » si elles étaient contenues *dans des actes notariés*,

» Cette perception aura lieu *sur la minute des actes*
» *et jugemens* dans les deux décades de leur date. »

La conséquence qu'on tirait de cet article, était de
dire qu'il pouvait donc arriver certains cas où les parties n'auraient à payer *qu'un seul droit* lorsque la condamnation n'aurait pas pour base *un titre antérieur*,
et qu'alors il n'y avait ni raison ni justice à percevoir
deux droits en cas d'existence d'un titre antérieur.

Cet argument reposait sur une confusion de mots
et d'idées. On remarque facilement qu'il s'agit dans
l'article d'un droit à percevoir *sur la minute des*
jugemens, en cas de non existence d'un titre antérieur; 2°. qu'il s'agit *d'un droit différent* tel que
celui qui aurait été perçu *sur un acte préalablement*
existant; 3°. qu'on imposait un court délai *de deux*
décades pour faire enregistrer *sur la minute*; au lieu
que, dans notre espèce, il s'agit d'un droit à percevoir seulement *sur les expéditions* de jugemens, que
les parties *sont libres de lever ou de ne pas lever.*

On ne peut pas dire que l'on perçoit à la fois
deux droits *sur le même acte et pour raison du*
même fait, parce que le droit demandé pour les
condamnations des sommes déterminées est la conséquence *d'une contestation en justice.* Les actes passés
entre les parties, ne paient qu'un seul droit. Les
jugemens intervenus dans les tribunaux *sont des actes*
différens émanés de l'autorité judiciaire, assujétis à
des droits différens; et que les parties peuvent éviter
en ne provoquant point la décision de la justice.

3°. On se prévalait de l'article 47, ainsi conçu :

« Toutes les fois qu'une condamnation sera rendue
» *sur un acte enregistré*, le jugement en fera men-
» tion et énoncera le montant du droit payé, la
» date du paiement, le nom du bureau où il aura
» été .... En cas d'omission, le percepteur aura
» ... le droit, sauf la restitution, dans le délai
» ...., s'il est ensuite justifié de l'enregistrement
» de l'acte, sur lequel aura été prononcé le juge-
» ment. »

On voit que cet article, loin d'autoriser le système
du citoyen Samson, en contient, au contraire, la
réfutation, puisqu'il a pour objet de faire entrer
dans la caisse du receveur *les droits dûs à raison
des actes antérieurs au jugement*, lorsqu'il n'est
pas justifié que ces actes ont été préalablement
enregistrés.

Samson se prévalait encore des dispositions des 4e.
et 5e. sections de la troisième classe du tarif de 1790,
mais il en tirait des inductions tellement forcées, qu'il
est inutile de les retracer ici.

Le tribunal de cassation, écartant toutes les subtilités, a décidé par son jugement du 1er. vendose
an 8, que l'art. 11 de la première section du tarif
de 1790, confirmé par l'art. 44 de la loi du 9 vendémiaire an 6, établissait formellement un droit proportionnel à percevoir, sur les expéditions de jugemens, indépendamment *des droits différens qui auraient
pu être perçus sur les actes antérieurs*.

INSTRUCTIONS

DÉCADAIRES

Sur l'Enregistrement, Droits y réunis, et Domaines nationaux.

Rédigées par une Société d'Employés supérieurs de la Régie de l'Enregistrement et du Domaine national.

N°. 51.

ART. 399.

ENREGISTREMENT.

Quel est le droit d'enregistrement dû pour l'acte qui résilie un contrat de vente d'immeubles, passé pendant la dépréciation du papier-monnaie ?

Il faut distinguer entre les ventes résiliées, en exécution de la loi du 16 nivôse an 6, et celles rescindées par suite de la loi du 19 floréal suivant.

15

L'acte de résiliement des premières, d'après l'article 22 de la loi du 27 thermidor de la même année, n'est passible que du droit fixe d'un franc, si l'option a été faite par le vendeur ou l'acquéreur, dans le délai, et suivant le mode tracé par ces deux lois. *Il n'est pas nécessaire qu'il y ait preuve de lésion d'outre-moitié.* Mais cette exception ayant été abrogée par l'article 73 de la loi du 22 frimaire, elle ne peut s'appliquer qu'aux actes passés antérieurement.

Quant aux secondes, pour qu'il y ait lieu à l'exemption du droit proportionnel de quatre pour cent, il faut que la lésion *d'outre-moitié* soit prouvée par une expertise ordonnée en justice, et qu'un jugement annulle le contrat pour ce vice radical.

Dans tout autre cas, ce serait une rétrocession volontaire. (*Opinion des rédacteurs*).

A R T. 400.

C O N T R A T D E M A R I A G E.

Paiement des constitutions entre les mains du père du futur. Promesse d'une pension alimentaire.

Deux conjoints se prennent avec leurs droits respectifs. Le père et la mère de la future lui promettent, à titre de pension alimentaire, une somme

de 400 francs annuellement, dont ils paient d'a-
vance la première année entre les mains du père
du futur, du consentement de ce dernier : ils s'engagent à payer toujours ladite pension au com-
mencement de l'année , et se réservent de l'é-
teindre en payant , soit au futur , soit à son père ,
un capital de huit mille francs.

1°. Le paiement de 400 francs au père du futur , donne-t-il ouverture à un droit de quittance?

D'après le n°. 1er., § 3, de l'article 68 , la
disposition par laquelle le futur reconnaît , dans
le contrat de mariage , avoir reçu la dot apportée
par la future , ne donne pas lieu à un droit particulier; mais les exceptions ne peuvent s'étendre
d'un cas à un autre , et la quittance donnée par le
père du futur époux pouvant même servir de titre
à ce dernier en cas de séparation , l'exemption
n'est point applicable , et il y a lieu à la perception.

2°. Le droit pour la pension de 400 francs constituée en dot à la future , est il dû comme pour
une pension viagère sur le pied du capital au denier dix, ou sur le pied de 8000 francs , capital
convenu en cas d'extinction de la rente?

Cette fixation du capital au denier vingt de la
pension promise , prouve suffisamment que l'intention des père et mère de la future , a été de lui
assurer un dot de 8000 francs , et de lui payer

400 francs d'intérêt jusqu'au remboursement, intérêt qualifié de *pension alimentaire* ; d'ailleurs, la loi du 22 frimaire an 7, ne fait aucune distinction. Elle veut, article 14, n°. 6, que la valeur sur laquelle sera assis le droit proportionnel soit déterminée pour les créations de rentes, soit perpétuelles, soit viagères ou de pensions, par le capital constitué. C'est donc sur le capital stipulé de 8000 francs, que doit être assis le droit proportionnel de 62 centimes 1/2 par 100 francs.

ART. 401.

DÉCLARATION POUR SUCCESSION.

Un particulier décède après avoir vendu tous ses biens immeubles. Ses héritiers attaquent les ventes, et obtiennent un jugement qui les annulle et les réintègre dans les biens ; doivent-ils déclaration de ces immeubles, et dans quel délai ?

Dans ce cas, les ventes sont censées annullées *ab initio* et pour cause radicale ; il n'est pas dû de droit proportionnel pour le jugement ; mais les biens étant dès-lors reconnus avoir fait partie de la succession du défunt, les héritiers doivent en faire leur déclaration et acquitter l'enregistrement en cette qualité, dans le délai de six mois, à partir du jugement, époque où le droit est devenu exigible.

Il n'en serait pas de même d'une résolution de vente, prononcée pour défaut de paiement du prix ou autre inexécution des clauses du contrat. Alors le jugement opérerait une transmission de propriété, dont les héritiers devraient acquitter le droit à raison de quatre pour cent dans les vingt jours, comme l'aurait acquitté celui qu'ils représentent, si le renvoi en possession avait été prononcé de son tems. Mais dans ce cas, ils ne devraient pas un second droit proportionnel pour la transmission par décès.

A R T. 402.

J U G E M E N S   D E   C O N D A M N A T I O N.

Un particulier, après avoir obtenu un jugement de condamnation contre ses débiteurs principaux, a fait condamner par défaut, des tiers saisis, à lui payer le montant de cette condamnation.

Peut—on 1°. exiger le droit proportionnel sur le jugement par défaut contre les tiers saisis. 2°. Ce droit est-il dû sur la totalité du montant de la condamnation ?

Plusieurs raisons spécieuses semblent autoriser une réponse négative à cette double question. 1°. Le droit proportionnel ayant été perçu sur le jugement de condamnation contre les débiteurs principaux, il paraît injuste de l'exiger encore sur le jugement *par défaut* contre les tiers saisis ; on peut, ce semble, taxer cette seconde perception de double emploi, et la loi ne permet pas de prendre deux fois le droit proportionnel sur des jugemens concernant la même créance. 2°. Le tiers saisi ne peut être condamné définitivement à vider ses mains jusqu'au parfait paiement des sommes dues au saisissant, que dans le cas où il refuse de faire et d'affirmer la déclaration de ce qu'il doit au débiteur de ce dernier ; or, il peut se faire que les déclarations du tiers saisi réduisent les condamnations à une somme bien inférieure à la créance en principal et intérêts. On ne peut donc pas demander le droit proportionnel sur le montant entier des condamnations.

Ces raisonnemens ne paraissent point fondés.

On reconnaît le principe qu'il ne peut être perçu deux droits proportionnels pour des jugemens concernant la même créance ; et en effet, si le tiers saisi avait fait sa déclaration du montant de sa dette, et avait été condamné à vider ses mains à concurrence en faveur du saisissant, il n'y aurait pas eu ouverture à un nouveau droit proportionnel pour cette condamnation, vu qu'au fonds elle concerne le principal débiteur, qui doit en supporter le droit ; mais il n'en est pas de même lorsque, à défaut de comparution et de déclaration, le tiers saisi est condamné à payer le montant de la créance ; la condamnation lui devient personnelle , il y a novation de débiteur et la perception est à sa charge , comme les autres frais du jugement qu'il a occasionnés par sa résistance ou son inaction.

La solution rendue dans cette espèce par la régie , est donc dans les véritables principes.

ART. 403.

HYPOTHÈQUES.

Echange d'immeubles ; vente de biens indivis.

Le ministre des finances a décidé , le 26 germinal an 7 , sur une question élevée dans le département de l'Arriège , que les échanges étant des ventes réciproques , lorsqu'un des échangistes , qui ne peut être considéré que comme tout autre acquéreur , requiert la transcription de son titre pour purger d'hypothèque l'immeuble qui lui est transmis , le droit ne peut être perçu que sur cette portion de l'échange , en faisant par le conservateur , les mentions convenables.

Mais on a observé qu'un contrat d'échange est indivisible dans ses effets ; que la loi du 11 brumaire an 7 n'autorise point à syncoper les dispositions des actes , et que la transcription est de purger l'universalité des biens transmis; qu'elle profite aux deux échangistes; que si la réquisition de l'un d'eux rend forcée la condition de l'autre, c'est une charge inhérente à ce genre de contrat, que dès que la transcription a lieu, elle opère l'affranchissement de l'hypothèque sur tous les biens, et que les créanciers de l'échangiste non requérant, ne pourraient se prévaloir du défaut de réquisition de sa part.

Ces raisonnemens ne sont que spécieux. Un contrat d'échange est divisible, puisqu'il contient deux ventes réciproques; ce n'est point le syncoper, que d'attribuer à la réquisition de la transcription distincte de chacune de ces ventes, l'effet qu'elle doit naturellement produire. Dès que cette réquisition indique clairement le but de la transcription, elle ne peut profiter qu'au requérant, ni être opposée à d'autres qu'aux créanciers du vendeur. Un échangiste convaincu qu'il n'a pas besoin de transcription pour s'assurer que le bien à lui transmis est exempt d'hypothèque, ne peut être astreint à payer le droit d'une transcription qu'il ne requiert pas, parce que l'autre échangiste croit cette formalité nécessaire pour assurer l'affranchissement de l'objet qui lui est transmis. (Décision du ministre des finances, du 28 ventôse an 8.)

« Je pense même, ajoute le ministre, que dans

» le cas d'une vente par deux particuliers possé-
» dant un bien indivis chacun pour moitié, mais
» à titre divers, l'acquéreur serait fondé à requé-
» rir la transcription de son contrat, pour purger
» les hypothèques de l'un d'eux seulement.

» Dans ce cas, le droit de transcription ne se-
» rait exigible que sur la moitié du prix, et la
» transcription n'aurait aucun effet, relativement
» aux hypothèques du fait de l'autre vendeur.

» Le point important est donc de bien libeller
» la réquisition, ainsi que la mention qui en est
» faite sur le contrat, puisque c'est ce qui sert de
» règle, tant pour la perception, que pour l'effet
» de la transcription, vis-à-vis des créanciers de
» celui sur lequel elle est prise. »

A r t. 404.

VENTE DE MEUBLES.

La vente de meubles ou effets saisis, peut-elle être faite dans une autre commune, quoique plus populeuse que celle du domicile de la partie saisie?

Non. L'ordonnance de 1667, titre 33, art. 11, veut que la vente des effets saisis ait lieu *au plus prochain marché public*; et aucun article des lois nouvelles n'a dérogé à cette disposition. Ce serait donc une mesure illégale, que celle de la translation des effets saisis dans une autre commune que celle du plus prochain marché public, et elle ne peut être autorisée sous le prétexte même de l'intérêt de la République.

A r t. 405.

DOMAINES NATIONAUX.

FERMAGES.

Une administration municipale avait demandé au ministre des finances son autorisation pour faire verser en l'an 8, par les fermiers des domaines nationaux de son canton, le produit de leurs

fermages, *en nature*, dans les magasins de la République : mais cette demande était contraire aux
dispositions des articles 3 et 16 de la loi du 9
fructidor an 5 , d'après lesquels ces fermages doivent être payés en numéraire ; par cette raison,
elle a été déclarée inadmissible. (Décision du ministre, du 11 germinal an 8.)

A R T. 406.

FRAIS DE RÉPARATIONS A UN BATIMENT NATIONAL.

En exécution d'un arrêté d'une administration
centrale, il a été fait des réparations à un bâtiment
national, destiné à servir de maison de réclusion.
Le ministre de l'intérieur a ordonné le rapport de
cet arrêté; et par suite, le ministre des finances a décidé que ces dépenses ayant été re-
connues inutiles, elles ne peuvent être mises à
la charge de la république; qu'étant faites pour
l'avantage des administrés , elles doivent être
payées comme dépenses départementales , sur les
recettes attribuées à l'administration centrale du
département, par les articles 15 et 16 de la loi du
11 frimaire an 7, qui détermine le mode adminis-
tratif des recettes et dépenses départementales,
municipales et communales. (Décision du 11 germinal, an 8.)

ART. 407.

RENTES DUES A LA RÉPUBLIQUE.

Lorsque la loi du 25 messidor an 3 , qui suspendait les remboursemens de rentes subsistait dans toute sa force, un particulier , pour se libérer envers l'état de celle qu'il lui devait , en avait consigné le capital : ce rachat était contraire à la loi. En conséquence , le ministre des finances a décidé , les 4 ventôse an 7 et 11 germinal an 8 , que le consignataire sera rétabli débiteur envers la république de cette rente , et que la somme par lui consignée , lui sera restituée.

ART. 408.

FERMAGES.

Compensation inadmissible.

Un meûnier prétendait compenser le montant d'une indemnité qui lui avait été accordée pour non-jouissance d'un moulin national *dont il était fermier en l'an 2* , avec ce qu'il redevait sur le prix de ses fermages d'un autre moulin national pour les années 3 et 4. Mais cette indemnité ne pouvait être acquittée que suivant le mode prescrit par la loi du 24 frimaire an 6 , sur la liquidation de l'arriéré ; ce meûnier , au contraire , était tenu de payer en *numéraire* , conformément à la loi du

9 fructidor an 5 , ce dont il était redevable pour ses fermages de l'an 3 et de l'an 4. Ces motifs ont fait rejeter sa demande en compensation. (Décision du ministre des finances, du 11 germinal an 8).

A R T. 409.

RENTES DUES A LA RÉPUBLIQUE.

Comment elles peuvent être compensées avec celles dont elle est débitrice. Mode d'opérer dans ces cas.

Un débiteur d'une rente envers l'état, a demandé qu'il lui fût permis d'en compenser le capital et les *arrérages échus* jusqu'à due concurrence, avec le capital des rentes à lui dues *directement* par la république. Cette demande a été accueillie par décision du ministre des finances du 11 germinal an 8. Voici le mode tracé par le ministre pour opérer la compensation dont il s'agit. La trésorerie nationale délivrera à ce particulier, sur le vu du certificat d'origine, qui constatera qu'il est propriétaire d'inscriptions sur le grand-livre, en qualité de créancier *direct* de la nation, une rescription du capital et *arrérages des rentes* qui lui sont dûs par la république. Celui-ci remettra ensuite cette rescription au receveur des domaines nationaux de son département, qui en donnera quittance, et qui s'en chargera en recette pour en faire le versement comme des autres produits de sa caisse.

ART. 410.

COMPTABILITÉ.

MOBILIER NATIONAL.

Les receveurs de la Régie sont-ils en droit de réclamer des receveurs-généraux de département et des corps administratifs, les récépissés que l'administration des monnaies leur expédie des envois faits directement par ces receveurs-généraux ou ces administrations, de matières d'or et d'argent provenant de condamnés, de contumax ou successions ouvertes par déshérence ?

Il n'y a point de doute.

L'ordre de la comptabilité et les réglemens rendus sur cette partie, s'opposent à ce qu'aucune recette provenant de mobilier national puisse être faite directement par les receveurs-généraux de département, ou dès fonctionnaires autres que les préposés de l'enregistrement. Il est donc nécessaire de régulariser les opérations qui peuvent avoir été faites contrairement à ces principes, en retirant, moyennant décharge, des mains de ceux qui en sont nantis, les récépissés de l'espèce délivrés par l'administration des monnaies ; les receveurs de la Régie se chargeront en recette du montant de ces récépissés, et les verseront ensuite pour comptant aux receveurs-généraux qui doivent leur

en délivrer des récépissés comptables. Cette opinion est conforme à la décision du ministre des
finances, du 24 thermidor an 7 , suivant laquelle
les matières d'or et d'argent doivent , comme les
autres parties du mobilier national , faire partie
des recettes de la Régie de l'enregistrement.

ART. 411.

LOIS NOUVELLES RELATIVES AUX FINANCES.

Une loi du 25 ventôse an 8 , porte que les contributions directes et indirectes , établies pour l'an 8, sont
prorogées pour l'an 9, sauf une réduction d'un quart sur
les contributions personnelle , mobiliaire et somptuaire.

Un arrêté du gouvernement , du 4 germinal an 8, détermine le mode de liquidation des créances sur les ci-
devant fermes et régies générales.

Tous les créanciers des ci-devant fermes et régies générales , sont tenus, s'ils n'ont pas remis la déclaration
prescrite par l'article 3 du décret du 23 nivôse an 2 , de
faire cette déclaration dans le délai de trois mois.

La même obligation est imposée à ceux qui auraient
intenté des procès et obtenu des jugemens contre les ci-
devant fermiers ou régisseurs généraux , et il sera sursis
à toutes poursuites de leur part.

La Régie de l'enregistrement fera faire , dans le même
délai , l'état général du passif et de l'actif desdites fermes
et régies générales.

AVIS.

Il paraît un Prospectus qui annonce la continuation du Journal de l'Enregistrement , dont j'é-
tais le principal rédacteur pendant tout le tems
qu'il a paru.

Je dois , à l'honneur et à la vérité , de déclarer

que je ne participe en rien à la rédaction de cette nouvelle feuille.

Réuni aux Rédacteurs *des Instructions Décadaires*, j'ai confondu avec leur Journal celui qui a paru sous le nom de RIPPERT pendant quelques années ; j'ai pris l'engagement de consacrer à cette Société, dont je suis membre, tous mes momens libres, et mes ouvrages relatifs à la Régie de l'Enregistrement; et si, par mon travail, j'ai pu mériter la confiance de mes abonnés et du public, je me persuade qu'elle me sera continuée dans la personne de mes collègues, les Rédacteurs *des Instructions Décadaires*, rue Projettée-Choiseul, n°. 1.

RIPPERT-DUTHERRON,

Receveur de l'Enregistrement, à Paris, et auteur du Dictionn. sur l'Enregist., Timbre et Patentes.

ANNONCE.

Le cit. VIOT, l'un des Régisseurs de l'Enregistrement, vient de confier à l'Imprimerie des INSTRUCTIONS DÉCADAIRES, l'édition d'un Mémoire sur les Finances, de 250 pages in-8°. Comme nous ne doutons pas que la réputation de l'auteur et l'importance de l'objet ne fassent desirer à la plupart des Employés des départemens de se procurer cet ouvrage, sur la demande des Directeurs, nous leur en adresserons 13 exemplaires, en les invitant, de la part de l'auteur à en accepter un, et à nous faire parvenir le prix des 12 autres par la même voie que leurs abonnemens.

Le prix de cet ouvrage est de 2 francs pour Paris, et de 2 francs 75 cent. franc de port; et se trouve à Paris, à l'Imprimerie des INSTRUCTIONS DÉCADAIRES; chez les CC. DESENNE, libraire, Palais-Egalité, n°. 2; PETIT, Palais Egalité, galeries de bois; CALIXTE-VOLLAND, Quai des Augustins, n°. 25; et PERNIER, rue de la Harpe, n°. 188.

INSTRUCTIONS

DECADAIRES

Sur l'Enregistrement, Droits y réunis, et Domaines nationaux.

Rédigées par une Société d'Employés de la Régie de l'Enregistrement et du domaine national.

N°. 52.

ART. 412.

ENREGISTREMENT.

PARTAGE.

Le partage entre les enfans, des biens de leur père et mère vivans, et dont ceux-ci conservent la propriété et jouissance, sont-ils passibles du droit fixe ou du droit proportionnel?

Des père et mère, pour éviter les contes-

16

tations qui peuvent s'élever, après leur mort, entre leurs enfans, les réunissent, et les font procéder au partage et division des biens qui doivent leur appartenir après leur mort. L'acte porte expressément que les père et mère conservent, pendant leur vie, la propriété et jouissance de leurs biens, et que les conventions de partage n'auront d'effet qu'après leur mort.

Cet acte ne contient aucune cession ni abandon de la part des père et mère, puisque ceux-ci se réservent au contraire la propriété et jouissance de leurs biens, et que, malgré le partage, ils peuvent en disposer; il n'est donc pas translatif de propriété, ce n'est qu'un partage anticipé de la succession à laquelle ils sont appelés par la loi; l'attribution de chaque co-partageant est réglée d'avance pour le moment où il devra jouir, et alors il acquittera les droits réglés pour les mutations par décès; jusques-là, nous pensons qu'il n'est dû pour ce partage que le droit fixe de trois francs, d'après l'article 68, parag. 3, n°. 2, titre 10, de la loi du 22 frimaire an 7.

Par une conséquence nécessaire, dans le cas de décès de l'un des co-partageans avant ses père et mère, il n'y aurait pas lieu à exiger le droit de mutation sur la portion qui lui était assignée par le partage, puisque, comme nous l'avons dit, ce partage ne lui a transmis aucune propriété.

ART. 413.

BAIL DE NOURRITURE DE MINEURS.

Le droit d'enregistrement doit-il être liquidé sur le prix cumulé des années du bail jusqu'à la majorité du plus jeune des mineurs ?

Le droit de cet acte se règle sur le prix cumulé des années du bail ou de la convention, art. 69, titre 10, parag. 2, n°. 5, de la loi du 22 frimaire an 7. Or, le bail n'expire, pour chaque mineur, qu'à l'époque où il atteint sa majorité. Il est donc certain que le total du prix doit être calculé sur l'âge des mineurs, eu égard au nombre d'années à courir jusqu'à la majorité de chacun d'eux, et à la portion du prix applicable à leur nourriture.

ART. 414.

DÉCLARATION DE COMMAND.

Une déclaration de command est faite par acte notarié, seulement pour partie des biens acquis, sous réserve d'élection d'ami, et sans novation pour les clauses de paiement ; elle n'est pas notifiée dans les 24 heures, mais soumise à l'enregistrement dans ce délai, peut-elle être admise à la formalité au droit d'un franc fixe ?

Pour que la nomination de command n'opère

que le droit fixe, il faut 1°. la réserve dans le contrat, de nommer un command; 2°. sa nomination dans les vingt-quatre heures par acte authentique; 3°. la remise des biens sans aucun changement dans les conditions, en sorte qu'on voie que l'acquéreur dénommé était simple mandataire; 4°. la notification de l'élection, dans le même délai de 24 heures.

Ces caractères se rencontrent dans l'espèce; il n'est nullement nécessaire que l'acquéreur remette tous les biens, surtout par le même acte. Quant à la notification, elle s'opère également par la présentation de l'acte d'élection, dans le délai prescrit; il n'est donc dû qu'un fr. fixe.

(Solution de la Régie du 2 germinal an 8.)

ART. 415.

CONTRAT DE MARIAGE.

Abandon par un père, au profit de son fils qu'il marie, de tous les biens qu'il possède pour en jouir de suite, sous la réserve, pour le père, d'une pension viagère; et, pour chacun de ses trois autres enfans, d'une somme de 2000 francs payable partie aussitôt après la célébration du mariage, et le reste à des époques peu éloignées.

La transmission des biens du père au futur,

considérée soit comme démission , soit comme
donation par contrat de mariage , n'opère que
le droit d'un franc 25 centimes par cent , sur
la valeur des biens , d'après le nombre 2 , parag.
4 de l'art. 69 de la loi du 22 frimaire ; mais la
disposition secondaire par laquelle le père attribue aux frères du futur , une somme de deux
mille francs , pour leur tenir lieu de leurs droits
dans ses biens , de quel droit est-elle passible ?

La loi du 17 nivôse an 2 , interdit et déclare
nulle toute donation à charge de rente viagère ,
faite à l'un des héritiers , sans le consentement
des autres co-héritiers , du même degré.

Les frères du futur époux ayant consenti à
la donation dont il s'agit , elle est valide ;
mais ils n'abandonnent leur part des biens
qu'ils ne peuvent recueillir qu'au décès de
leur père , moyennant une somme en argent
qui leur sera payée de suite ; ne peut-on pas ,
dans cette espèce , regarder ce consentement
comme une cession de droits immobiliers ? Nous
ne le pensons pas.

En effet , le père était propriétaire de ses
biens , ses enfans n'avaient aucun droit acquis ,
il a donc pu faire à son fils , en le mariant , les
avantages stipulés dans le contrat de mariage ;
la mutation a donc été légalement opérée du
père au futur époux , et la somme reçue par les

autres enfans, ne peut être regardée comme le prix d'une cession de droits immobiliers.

De quoi s'agit-il dans l'espèce ? Le père, en donnant son bien au fils qu'il marie, lui impose l'obligation de payer deux mille francs à chacun de ses trois frères, n'est-ce pas la même chose que s'il exigeait de ce fils une somme de six mille francs pour être distribuée à ses frères ? C'est donc une donation de sommes en ligne directe, pour laquelle il est dû un droit d'un franc vingt-cinq centimes, d'après l'article 69, parag. 4, n°. premier de la loi du 22 frimaire. (*Opinion des rédacteurs.*)

ART. 416.

QUESTION

DE SUCCESSIBILITÉ ET DE DÉSHÉRENCE.

Postérieurement à la loi du 17 nivôse an 2, qui attribue les successions collatérales aux parens du défunt, qui tiennent de plus près à la souche commune, en donnant moitié à la ligne paternelle et moitié à celle maternelle, et avant la loi du 8 messidor an 7, qui porte « que la république renonce pour » l'avenir à toute succession collatérale à

» écheoir à un émigré »; un citoyen est décédé,
laissant pour héritiers, savoir : du côté pater-
nel, une tante engagée dans un ordre religieux
en pays étranger, et du côté maternel, un oncle
émigré.

ON DEMANDE:

1°. Si une telle succession, ou nul de
ceux qui sont habiles à succéder ne peut
arriver, n'est pas une succession vacante,
quoique pour la recueillir, trois arrières cou-
sins du défunt, dans la ligne paternelle, se
présentent seuls sur quinze à vingt héritiers
de cette ligne, qui y auraient droit si l'oncle
et la tante devaient ne compter pour rien;

2°. A qui doit profiter la portion héréditaire
échue à l'émigré, en qualité d'oncle maternel ;
d'après la renonciation de la république, doit-
elle passer à titre d'accroissement aux héritiers
de la ligne paternelle, quoique ceux-ci soient
étrangers aux héritiers maternels.

La solution de ces deux questions se trouve
dans les dispositions des articles 77 et 90 de la
loi du 17 nivôse an 2.

Le premier établit la représentation jus-

qu'à l'infini en ligne collatérale, ce qui veut dire
qu'en quelque degré d'éloignement que se
trouvent les descendans du chef de la branche
qu'ils représentent, ils sont habiles à succéder, ou à l'exclusion les uns des autres,
lorsque leur origine, commune avec le défunt,
n'est pas également rapprochée de lui; ou concurremment, lorsque, quoique placés à des
distances inégales du défunt, les uns et les
autres représentent des personnes qui étaient en
égalité de degré avec lui. C'est l'identité de l'origine qui constitue le lien de la parenté; ainsi,
il est facile de saisir cette différence.

En appliquant ces principes à la première
question, dont il s'agit, dès que du côté pa-
ternel la parenté la plus rapprochée du défunt
se trouve inhabile à succéder, rien n'empêche
que les autres héritiers viennent par représentation, et se saisissent de la succession, sauf la
division qui doit s'opérer entre ceux qui sont en
égalité de représentation, et les subdivisions à
faire dans les branches.

Cette inhabileté légale de la part de la
tante n'a pas plus d'effet que dans le cas
où, habile à succéder, elle aurait renoncé
à la succession; dans les deux hypothèses,

les héritiers ont droit de se présenter suivant leur rang, et la succession ne peut être décla-rée vacante, ou qu'à défaut d'existence d'héritiers, ou d'après la renonciation du dernier; ici il s'est présenté trois arrières-cousins dans la ligne paternelle; peu importe à la solution de la question qu'il existe vingt ou trente autres héritiers, dès que leur habileté à la succession ne peut être disputée par le fisc, la vacance n'existe plus.

On nous a demandé si, dans ce cas, ces trois héritiers n'étaient pas tenus de fournir caution, à cause de leur envoi en possession, ou s'il ne devenait pas du moins nécessaire d'établir un curateur qui aurait stipulé pour l'intérêt de tous les ayans-droit; ceci est une question de droit qu'il ne nous appartient pas de décider, et qui, d'ailleurs, est absolument étrangère à celle de déshérence.

Reste à examiner la question de successi-bilité.

Nous avons déjà dit que la République renonçait pour l'avenir, par la loi du 8 mes-sidor an 7, à toute succession collatérale à à écheoir à un émigré; c'est donc aux héritiers naturels de cet émigré qu'appartient, dans

l'hypothèse, la moitié de la succession reve-
nant à la ligne maternelle; et, à défaut d'héritiers, comme d'après les dispositions de l'article 90 de la loi du 17 nivôse, s'il y avait dé-
faillance de parens de l'un des côtés, les parens de l'autre côté succéderaient pour le tout
à l'exclusion du fisc; il n'y a pas de doute
que l'émigré transmet ici, à titre d'accroissement, aux héritiers de la ligne paternelle,
la moitié de la succession qui lui appartient
en sa qualité d'oncle maternel du défunt.

A R T. 417.

A M E N D E S.

*L'amende de dix francs doit-elle être poursuivie
contre le notaire, comme elle doit l'être contre
l'huissier, conformément à l'art. 4 de la loi du 9
octobre 1791, pour des actes de leur ministère
antérieurs à la publication de la loi du 22 frimaire an 7, non enregistrés dans les délais.*

Non. L'article 9 de la loi du 19 décembre
1790, ne prononçait que la nullité des actes
des huissiers, non soumis à l'enregistrement

dans le délai , et n'aurait point ordonné la restitution des droits. L'art. 4 de la loi additionnelle du 9 octobre 1791 , a fait un changement en établissant que les huissiers seraient tenus de la restitution du droit pour ceux de leurs actes sujets au droit proportionnel , indépendamment de l'amende de dix francs qui leur était imposée pour chaque omission.

Si les actes ou exploits des huissiers ne donnaient pas ouverture au droit proportionnel , il n'y avait pas lieu à la restitution du droit en cas d'omission de l'enregistrement , mais seulement à l'amende de dix francs. Le motif de cette différence est que dans ce dernier cas , les actes ou exploits étant déclarés nuls , et les juges ne devant y avoir aucun égard , l'on était obligé de les recommencer , et par conséquent d'acquitter le droit ; au lieu que dans l'espèce de ventes de meubles , d'offres acceptées , etc , tout étant consommé , le droit serait resté sans être acquitté , si la loi additionnelle n'eût prononcé contre les huissiers la peine de le restituer.

Au surplus , il suffit de lire l'article 4 précité , et de le rapprocher de l'article 9 de la loi de 1790, pour se convaincre que ces mots : *comme les notaires*, ne sont employés que par similitude, pour ce qui concerne le paiement du droit par restitution, et qu'on n'a nullement entendu changer la peine à supporter par le contrevenant, laquelle était, pour le notaire, du double du droit de l'acte ; et pour l'huissier, de l'amende de dix francs.

ART. 418.

DROITS DE GREFFE.

Les greffiers de justice de paix qui ont été autorisés à délivrer des expéditions des anciens actes et jugemens des tribunaux de district, sont-ils tenus d'acquitter les droits réglés pour des expéditions délivrées par les greffiers des tribunaux civils ?

Dans quelques départemens, pour la commodité du public, et pour éviter le déplacement de pièces, les tribunaux civils ont autorisé les greffiers des juges de paix à délivrer des expéditions des anciens actes et

Jugemens rendus par les tribunaux de district, même des ci-devant bailliage.

Ces greffiers, sous prétexte qu'ils sont attachés aux tribunaux de paix, ont pensé qu'il n'étaient pas soumis aux droits de greffe établis pour les actes des tribunaux civils.

Cette prétention n'est pas fondée, dans le cas que nous avons cité ; ces greffiers exercent des fonctions attribuées aux greffiers des tribunaux civils, et qui leur ont été déléguées; ils doivent, sous ce rapport, être assimilés aux commis-greffiers que les greffiers titulaires peuvent présenter d'après l'article 15 de la loi du 21 ventôse ; ils sont donc soumis aux mêmes règles, et nous pensons que les expéditions qu'ils délivrent, non comme greffiers des tribunaux de paix, mais comme exerçant une partie des fonctions des greffiers des tribunaux civils, sont assujéties aux mêmes droits que si le greffier du tribunal civil les eût délivrées lui-même.

ART. 419.

DELAI.

JOURS COMPLÉMENTAIRES.

Un bail sous signature-privée, du 17 thermidor an 7, qui n'a été présenté à l'enregistrement que le 17 brumaire an 8, est-il passible du double droit ?

Pour soutenir l'affirmative, l'on dit : En comptant les jours complémentaires, le délai fatal pour l'enregistrement de ce bail, au droit simple, étant expiré le 11 brumaire, il ne tombait donc pas dans les jours complémentaires ; et au dix-sept, jour auquel il a été présenté à l'enregistrement, il était hors du délai. Il paraît que c'est ainsi qu'on doit entendre l'exception prononcée par la loi ; car, si l'intention du législateur eut été que, dans les délais fixés pour l'enregistrement des actes ou déclarations, l'on ne comptât point les décadis ni les jours complémentaires, à quelque époque qu'ils se rencontrassent dans le délai accordé, il se serait exprimé différemment ; autrement un notaire de la campagne qui aurait reçu un acte le 8 frimaire, serait à tems de le soumettre à l'enregistrement le 25 du même mois, les deux décadis qui se rencontrent dans ce délai ne devant pas être comptés; opinion qu'on ne peut soutenir.

OBSERVATIONS DES RÉDACTEURS.

Les décadis font partie des mois auxquels ils appartiennent; ils sont, par cette raison, compris dans les délais. Ainsi, un acte à enregistrer dans les quinze jours qui suivent sa date s'il a été passé le 8 frimaire, doit être soumis à la formalité, au plus tard le 23 du même mois, sinon l'amende est encourue. Quant aux jours complémentaires, ils n'appartiennent à aucun mois de l'année, et ils ne sont point comptés dans les délais; d'où il suit qu'un bail sous-signature privée, du 17 thermidor an 7, a pu être enregistré le 17 brumaire an 8, sans double droit.

ART. 420.

ACTES DU GOUVERNEMENT RELATIFS AUX FINANCES.

Un arrêté du 22 germinal an 8, porte que, dans la décade de sa réception, chaque maire se fera remettre par ceux des citoyens de sa commune qui auront satisfait à des réquisitions depuis le 1er. germinal an 7, les bons dont ils sont encore porteurs, et qu'ils ont reçus pour les livraisons et transports qu'ils ont effectués; et après vérifications de ces bons, il y apposera son *visa* et en fera un état double. Le montant desdits bons, ainsi vérifié, sera imputé sur les contributions directes antérieures à l'an 8, et subsidiairement sur celles de l'an 8. Dans la seconde décade, le maire se fera représenter, par les percepteurs, les rôles des contributions directes de sa commune, et émargera, en leur présence, à l'article de chaque porteur de bons, et à son acquit, le montant desdits bons. Dans le cas où les bons d'un contribuable excéderaient le montant de ses contributions, le maire portera au *verso* du bon, qui ne sera employé que pour une partie de sa valeur, la somme dont il aura été fait compensation, et donnera une coupure de l'excédent au contribuable, qui, après l'avoir fait viser par le sous-préfet, pourra l'employer au paiement de ses contributions directes, dans d'autres communes que celle de son domicile, en se conformant aux dispositions du présent. Le paiement des contributions échues, et qui n'auront pas été acquittées, conformément aux dispositions précédentes, sera poursuivi en la forme ordinaire.

ERRATUM du N°. 51, pag. 232, lign. 8; et que la transcription, *lisez*, et que l'effet de la transcription.

INSTRUCTIONS
DÉCADAIRES

SUR L'ENREGISTREMENT ; DROITS Y RÉUNIS, ET
DOMAINES NATIONAUX,

*Rédigées par une Société d'Employés de la
Régie de l'Enregistrement et du Domaine
national.*

(N° 53.)

ART. 421.

ENREGISTREMENT.

MARCHÉS POUR FOURNITURES.

*Un marché pour livraison de fourrages entre un four-
nisseur de la république et un particulier opère-t-il
un droit de 50 cent. ou 2 fr. par 100 fr. ?*

Pour soutenir qu'il n'est dû que 50 centimes
par 100 fr. on a dit: les fourrages à livrer doivent
être consommés pour le service de la république.
Le fournisseur n'est pour ainsi dire qu'un agent, un

17

procureur fondé de la république; il paye avec les deniers que lui remet le trésor-public ; c'est donc le cas d'appliquer à l'espèce l'art. 66 , §. 2 , n°. 3 de la loi du 22 frimaire an 7 , portant que les marchés pour fournitures , dont le prix doit être payé par le trésor national , n'opéreront qu'un droit d'enregistrement de 50 centimes par 100 fr.

Il faut distinguer; lorsque le fournisseur traite directement avec la république, c'est le cas , sans difficulté , d'appliquer l'article de la loi qui vient d'être cité ; ce premier acte est un marché pour pour lequel il n'est dû que 50 centimes par 100 francs. Mais lorsque le fournisseur traite avec un tiers, c'est un marché qu'il passe dans son intérêt personnel, sujet au droit d'un franc pour 100 , s'il ne contient pas promesse de livrer des objets *mobiliers*, et un droit de 2 francs pour 100, s'il contient vente d'objets mobiliers.

ART. 422.

VENTE D'IMMEUBLES.

Vente moyennant le prix qui sera déterminé par l'estimation qui en sera faite par procès-verbal d'experts.

Ce contrat est-il passible du droit proportionnel, ou du droit fixe d'un franc seulement, sous la réserve du droit proportionnel ?

C'est ici le cas d'exiger des parties une déclaration, et de percevoir le droit en conséquence, sauf à augmenter ou à restituer, d'après le rapport des experts ; ou de requérir, si le cas y écheoit, l'expertise autorisée par l'art. 1er. de la loi du 22 frimaire an 7.

(Décision de la Régie, du 25 germinal an 8.)

A R T. 423.

OBLIGATION POUR RESTANT DE PRIX D'OBJETS MOBILIERS.

Un procès-verbal de conciliation en bureau de paix constate que M..... a vendu à B... des grains et légumes pour la somme de 1,300 fr. dont il n'a été payé que 300, et B... se reconnaît débiteur de la somme de 1,000 francs ; de quel droit cet acte est-il passible ?

On a prétendu qu'il n'était dû sur cet acte qu'un droit d'obligation sur les 1,000 francs restant à payer ; et pour soutenir cette opinion, on a dit : il existe une grande différence, sous le rapport du droit d'enregistrement, entre une vente d'immeubles et celle de meubles. Pour la première, le droit est dû pour la chose même, c'est-à-dire, pour la transmission ; pour la seconde, au contraire, il n'est exigible et ne peut être ouvert qu'à cause de l'acte,

17.

comme prix de la formalité que cet acte reçoit ou a dû recevoir; or, lorsqu'il est prouvé qu'il n'y a point eu d'acte pour une vente de meubles, et que l'obligation du prix n'est faite que longtems après la consommation de la vente, ce serait mal interpréter l'intention du législateur, que d'assujétir cet acte au même droit que celui de vente de meubles.

Cette opinion ne nous paraît pas fondée.

Il est vrai que la disposition de l'article 2 de la loi du 19 décembre 1790, portant que l'enregistrement est dû pour une vente d'immeubles consentie verbalement et que l'acquéreur doit en faire sa déclaration, n'existe point pour une vente de mobilier, donc l'acte seul est assujéti au droit; mais dans l'espèce il y a un acte; c'est le procès-verbal du bureau de paix, qui constate la vente et les conventions des parties. Nul doute qu'après l'événement elles auraient pu rédiger la convention devant notaire, auquel cas le droit pour la transmission aurait été exigible. Le procès-verbal du bureau de paix en tient lieu, et opère la même perception, en le considérant comme acte judiciaire, le droit de la transmission serait encore dû, d'après la disposition du nombre 9, du § 2, de l'art 69 de la loi du 22 frimaire an 7.

ART. 424.

CONTRAT DE MARIAGE.

*Les donations contenues dans les traités de mariage,
sous signature privée passés avant l'acte civil, et présentés postérieurement à l'enregistrement, peuvent-
elles profiter de l'exception prononcée par les §§. 4,
6 et 8 de l'article 69 de la loi du 22 frimaire an 7,
en faveur des donations contractuelles ?*

Les paragraphes rappelés portent qu'il ne sera
perçu que moitié droit pour les donations *faites
par contrat de mariage aux futurs.*

Il faut donc deux circonstances pour que la
réduction du droit puisse avoir lieu ; la première, que la donation soit faite par *contrat de
mariage*, dénomination qui suppose un acte devant notaire ; la seconde que le contrat soit entre
futurs époux, c'est-à-dire, antérieur à l'acte civil ;
d'autant qu'il est de principe que toute exception
est de droit étroit et ne peut s'appliquer qu'au
cas pour lequel elle est nommément exprimée.

Ce principe s'accorde avec celui que les actes
sous seing-privé n'ont point de date ; et l'on ne
pourrait s'en écarter dans la circonstance, sans
ouvrir la porte à la fraude, puisqu'il dépendrait
des parties d'antidater un traité de mariage et les
dispositions qu'il renfermerait, et de lui donner

ensuite l'authenticité d'un contrat, en le faisant enregistrer et le déposant chez un notaire.

ART. 425.

VENTES DE PRISES MARITIMES.

Les contrôleurs de la marine, chargés par l'article 27 de la loi du 3 brumaire an 4, sur l'administration des prises, de faire procéder aux ventes des cargaisons des objets capturés, sont-ils tenus d'acquitter les droits d'enregistrement auxquels les procès-verbaux de ces ventes donnent lieu ?

L'article 69, § 5, Nᵒ. 1ᵉʳ. de la loi du 22 frimaire an 7, a assujéti à la formalité de l'enregistrement toutes les ventes d'objets mobiliers, même celles de cette nature faites par la nation; et l'article 29 veut que les droits des actes à enregistrer soient acquittés par les officiers publics et autres ayant pouvoir de le faire. Il résulte de ces dispositions, que les contrôleurs de la marine doivent, à l'instar les officiers publics, payer les droits d'enregistrement des procès-verbaux de ventes dont il s'agit, dans les délais prescrits par la loi et sous les mêmes peines.

Cependant un contrôleur de la marine a soutenu qu'il n'y était point astreint, attendu que d'après les dispositions des lois organiques de la marine , tous administrateurs de la marine doivent s'abstenir du maniement d'aucun fonds provenant du produit des ventes maritimes ; il en concluait que ne pouvant recevoir des adjudicataires , la consignation des droits d'enregistrement résultant de leur adjudication partielle , c'était au receveur de la régie à faire en détail la collecte de ces droits. Il prétendait même pouvoir se dispenser de fournir au recevenr de la régie , des extraits des ventes des prises maritimes.

Mais 1°. ce contrôleur de la marine remplit , dans ce cas , les fonctions d'un officier public. Il doit donc satisfaire à toutes les obligations qui leur sont imposées ;

2°. En faisant acquitter par les adjudicataires les droits d'enregistrement, il ne contrevient pas aux défenses qui lui sont faites de disposer des fonds de la marine , puisque les sommes destinées à acquitter ces droits sont absolument étrangères à celles qui doivent entrer dans la caisse de la marine.

3°. Il y aurait beaucoup d'inconvénient à obliger le receveur de la régie de faire la collecte des droits d'enregistrement, car il ne pourrait en faire l'avance sans s'exposer à des pertes , à raison de l'éloignement ou de l'insolvabilité des adjudicataires nantis des objets qui leur auraient été vendus. Le procès-verbal ne serait donc pas enregistré dans les délais ; et, en supposant qu'il le fut, il faudrait faire autant d'enregistremens qu'il y aurait d'adjudicataires différens compris au procès-verbal , puisque chacun d'eux acquitterait le droit qui le concernerait. Ce mode était donc contraire à la loi , et de plus inexécutable.

C'est dans cet esprit que le ministre des finances a écrit , le 18 germinal an 8 , au ministre de la marine ; voici ses propres expressions :

« L'intérêt du trésor-public exige que les » contrôleurs de la marine soumettent eux-» mêmes à la formalité de l'enregistrement » leurs procès-verbaux de vente , et qu'ils ac-» quittent de suite les droits ; la facilité qu'ils » ont d'obliger les adjudicataires à leur con-» signer le montant de ces droits , doit être la » même que celle de tous les autres officiers pu-» blics procédant à des ventes nationales ou par-» ticulières ; il ne s'agira que d'en prescrire l'o-» bligation dans les cahiers des charges ; et cette » mesure ne saurait être contraire aux disposi-» tions de la loi du 3 brumaire , sur les ventes » maritimes. »

Art. 426.

PARTAGES.

Un acte contenant partage de plusieurs successions échues aux mêmes héritiers, doit-il autant de droits fixes de 3 francs, qu'il y a de successions dont les biens sont partagés?

Non.

La loi du 22 frimaire an 7 ne laisse aucun doute à cet égard ; elle porte : *Les partages de biens, meubles et immeubles, entre co-propriétaires, à quelque titre que ce soit, sont assujétis au droit fixe de 3 francs.* Si le législateur avait eu l'intention d'établir ce droit sur chaque succession partagée, il l'aurait sans doute manifestée, en disant : *Ce droit frappera sur chaque succession partagée.* La Régie a donc décidé, le 8 germinal an 8, que, dans l'espèce, il n'était dû qu'un droit de trois francs.

ART. 427.

DÉCLARATION.

MUTATION PAR DECÈS.

Délai pour la prescription d'une demande en supplément de droit.

D'après l'article 18 de la loi du 19 décembre 1790, la prescription pour réclamer un supplément de droits à raison d'une perception insuffisamment faite, est acquise pour un an, tandis qu'elle ne s'acquiert qu'après trois années pour toute contravention par omission ou insuffisance d'évaluation dans les déclarations des héritiers, légataires et donataires éventuels.

Cette disposition n'ayant pas été changée par aucune des lois des 14 thermidor an 4 et 9 vendémiaire an 6, on demande si on est fondé à réclamer, après l'expiration d'une année, le supplément des droits résultant d'une déclaration de successions passées le 19 fructidor an 6, lorsque l'insuffisance des droits perçus provient du mode de liquidation du receveur.

Voici les faits qui ont donné lieu à la question.

Par déclaration du 19 fructidor an 6, les immeubles provenant d'une succession ont, en exécution, est-il dit, de la loi du 19 décembre 1790, été estimés d'après le montant de la contribution foncière dont ils étaient chargés, et, par une contradiction frappante, dans le rapport du principal au denier 22, ce qui était déroger à l'article 5 de la loi du 19 décembre 1790, qui le prescrit au denier 25, et se conformer à l'article 21 de celle du 9 vendémiaire an 6, d'après les dispositions de laquelle les droits de la déclaration dont il s'agit devaient être liquidés ; cependant, à l'époque de cette déclaration, il existait des baux dont le prix annuel représentait, à raison de vingt-deux fois sa valeur, un capital du double de celui établi par la première liquidation.

L'on voit que d'une part la base du revenu est prise en vertu des dispositions de la loi du 19 décembre 1790.

Et que, de l'autre, le capital de ce revenu est liquidé sur le pied réglé par la loi du 9 vendémiaire an 6.

De cette contradiction, il résulte un vice de perception, qui est le résultat de l'insuffisance que présente l'évaluation donnée aux immeubles, d'après le revenu net justifié par la matrice des rôles, tandis que cette même estimation devait être faite sur un revenu déclaré, ou sur le prix annuel des baux existans d'après les dispositions de l'article 21 de la susdite loi du neuf vendémiaire.

Ce vice de perception ne peut point être imputé aux déclarataires, il est du fait du receveur seul.

Dans ce cas, est-ce le délai d'une année ou celui de trois ans, qui doit être invoqué pour réclamer le supplément exigible sur cette déclaration?

Nous n'hésitons point à soutenir que le supplément à demander devait l'être dans le premier délai, parce qu'il résulte, des termes mêmes de la déclaration, que l'insuffisance qui s'y remarque provient du mode de liquidation du receveur; ce n'est donc plus ici qu'une fausse perception, et la demande du supplément auquel elle donne lieu aurait dû être faite dans l'année.

ART. 428.

PATENTES.

Plusieurs redevables peuvent se réunir pour payer les droits de leur patente en bons d'arrérages.

Les redevables des droits de patentes, dont la quotité est inférieure au montant de leurs bons d'arrérages de rentes, sont-ils tenus d'acquitter la totalité de ces droits en numéraire, lorsqu'ils ne veulent pas abandoner l'excédent?

Ou peuvent-ils se réunir plusieurs ensemble pour payer leurs droits de patentes avec une seule rescription de la trésorerie ou du receveur-général, représentative d'un bon d'arrérages de rentes ?

1°. D'après l'arrêté du Directoire, du 5 frimaire an 7, *les contribuables qui acquitteront leurs contributions avec des bons au porteur, ne pourront pas exiger que les percepteurs leur rendent du numéraire sur les billets par eux remis en excédent de leur cotte.* Donc les redevables doivent faire la remise de l'excédent, ou payer la totalité en argent. Mais cette première question est sans objet pour la régie, puisque, pour l'an 8, les redevables ne peuvent plus acquitter directement les droits de patentes avec leurs bons, mais avec la rescription de la trésorerie ou du receveur-général, représentative de ces bons.

2°. A l'égard de la seconde question, au moyen de ce que la loi exige des contribuables qu'ils abandonnent l'excédent de leurs bons, il s'ensuit qu'ils ne peuvent l'appliquer à un tiers pour le paiement de son droit de patente. Il semblerait donc que le vœu du législateur a été de n'admettre les bons au porteur qu'en paiement de la contribution de celui qui les présente, et qu'un seul bon ne peut pas servir à payer les droits de deux ou plusieurs citoyens. Cependant, a loi ne s'explique pas sur cet objet d'une ma-

nière précise ; ce serait d'ailleurs porter le décou-
ragement et la défiance parmi les contribuables
porteurs de bons. La régie a décidé, le 25 germinal, que plusieurs redevables peuvent se réunir pour payer leurs droits de patentes avec une
rescription de la trésorerie ou du receveur-général, représentative d'un bon d'arrérages de
rentes.

Art. 429.

DOMAINES NATIONAUX.

Les remboursemens de rentes provenant d'une fabrique
n'ont pu être faits valablement entre les mains des
officiers municipaux.

Par une circulaire du 29 ventôse an 7, n°. 1520, la
régie a transmis une décision du ministre des finances,
du 8 messidor an 6, portant que les remboursemens de
rentes effectués entre les mains des officiers municipaux
des communes étaient nuls, parce qu'ils n'avaient aucune qualité pour les recevoir, attendu que la loi du 19
août 1792 ne les autorisait qu'à administrer les biens et
à en toucher les revenus, et que d'après celle du 19 mai
1791, la régie des domaines avait seule le droit de recevoir le rachat de tous les droits incorporels appartenans
à la nation, ce qui comprenait les rentes dues aux fabriques.

Plusieurs particuliers qui avaient remboursé des rentes à des officiers municipaux avaient refusé de se con-

former à cette décision; ils espéraient sans doute pouvoir s'y soustraire, en procédant judiciairement; mais le tribunal civil du département du Bas—Rhin, devant lequel cette contestation a été portée, a entièrement adopté les motifs qui avaient déterminé le ministre des finances, suivant un jugement du 19 ventôse an 8.

Ce serait donc sans succès que des particuliers formeraient des demandes de cette nature devant les tribunaux.

ART. 480.

Le paiement des rentes et créances pour fondations ne peut être contesté sous le prétexte qu'on ne remplit plus l'objet de la fondation.

Ce principe a été reconnu par le tribunal de cassation, dans un jugement inséré N°. 44, article 353 de nos Instructions Décadaires, il est consacré par tous les tribunaux.

Les habitans de la commune de Bouxviller, département du Bas—Rhin, contestaient, sous le prétexte ci-dessus indiqué, le paiement des rentes qu'ils faisaient autrefois à la fabrique dudit lieu.

On leur a opposé d'abord les dispositions des lois qui ne laissent aucun doute à cet égard, et ensuite les raisonnemens suivans :

La plupart des débiteurs des rentes dont il s'agit ont reçu des fabriques des sommes en espèces : ils ont contracté envers elle la même obligation qu'ils auraient consentie envers tout autre prêteur, peuvent-ils être autorisés à dire que l'argent qui leur a été compté, provenait d'une fondation ? Peuvent-ils le garder et se refuser au paiement de la rente ou des intérêts stipulés dans le contrat ? Il est évident qu'une semblable prétention serait contraire à la raison et à la justice.

Quant à ceux dont les auteurs ont établi la fondation, il en est bien peu qui représentent tellement le fondateur, qu'ils puissent dire que si la fondation n'avait pas été faite, ils auraient trouvé dans les successions qui sont échues la somme donnée premièrement à la fabrique ou à tout autre établissement supprimé, c'est parce qu'ils ont eu plus dans un partage qu'ils n'avaient droit d'y prétendre, ou parce que le bien grevé de la rente leur aura été vendu à la charge de la servir, qu'ils se trouvent débiteurs de la rente ou de la créance; dans toutes ces hypothèses, ils ont reçu la valeur de la rente ou des intérêts que la République leur demande au nom de la fabrique et dans les principes de la plus sévère justice : s'ils pouvaient être dispensés du paiement, ils seraient au moins tenus de remettre ou l'argent ou l'immeuble qu'ils possèdent, et dont la rente ou les intérêts sont le prix.

Ces motifs ont déterminé le tribunal civil du département du Bas — Rhin à débouter les débiteurs de leur opposition par jugement du 19 ventôse an 8.

INSTRUCTIONS

DECADAIRES

Sur l'Enregistrement, Droits y réunis, et Domaines nationaux.

Rédigées par une Société d'Employés de la Régie de l'Enregistrement et du domaine national.

N°. 54.

A R T. 431.

ENREGISTREMENT.

CESSION DE CRÉANCE.

Le droit d'enregistrement d'une cession de créance doit-il être perçu sur le montant de la créance ou seulement sur le prix stipulé ?

Un notaire de Paris a élevé cette question, et a prétendu que ces mots de l'article 14

18

n°. 2 de la loi du 22 frimaire an 7, *par le capital exprimé dans l'acte, et qui en fait l'objet*, ne devaient pas s'entendre du capital de la créance, mais du prix arrêté, et cela parce que cet article ne porte pas : *quel que soit le prix stipulé.* Il a argumenté de ce que le nombre 7 de ce même article, relatif aux cessions et transports de rente porte : *par le capital constitué, quel que soit le prix stipulé ;* d'où il concluait qu'il en résultait une différence telle que le prix des créances cédées devait servir de base au réglement du droit.

Mais le ministre des finances a décidé, le 8 germinal an 8, que ces expressions : *par le capital exprimé dans l'acte et qui en fait l'objet*, signifiaient clairement que le droit devait être assis sur le montant de la créance ; que le législateur avait voulu par-là prévenir le cas où le transport de la créance à terme se ferait à un prix inférieur à celui du capital.

ART. 432.

CAUTIONNEMENT DE PERSONNE.

Un particulier s'oblige de représenter à justice le prévenu d'un délit, ou de payer 1500 fr.; quel droit est-il dû ?

On a pensé que cet acte opérait 50 centimes

par 100 francs, conformément à l'article 69,
parag. 2, nombre 8 de la loi du 22 frimaire an 7,
par le motif que si la caution ne représentait
pas le prévenu, elle serait contrainte au paiement de 1500 francs; que c'était le but de
l'acte, et que puisqu'il en résultait la garantie
d'une somme déterminée, le droit proportionnel était exigible.

Nous ne partageons pas cette opinion. La
loi du 22 frimaire an 7 a tariffé au droit fixe
d'un franc (art. 68, parag. 1er., nombre 15),
*les cautionnemens de personnes à représenter à
justice ;* elle ne distingue pas ceux où l'on
stipule le paiement d'une somme en cas de
non représentation de la personne cautionnée;
ainsi il n'est dû qu'un franc.

Il y a plus: il est de l'essence de ce cautionnement de contenir l'obligation du paiement d'une somme qui est arbitrée en résultat,
suivant la gravité du délit et la fortune du
prévenu, la caution ne pouvant être tenue,
en cas d'évasion, de subir la peine qui lui serait
infligée. C'est donc d'après ces circonstances
que le montant de la somme à payer par la
caution sera réglée, et dont la fixation portée
dans l'acte qu'elle a souscrit, établit seulement
le *maximum*. Le droit proportionnel deviendra

exigible sur le jugement ou acte qui portera ce réglement.

(*Opinion des rédacteurs.*)

A R T. 433.

T I M B R E.

CONTRAVENTIONS ANTÉRIEURES A 1791.

La déclaration du 19 juin 1691 prononçait une amende de 300 francs dans le cas où un notaire aurait reçu un acte sur papier libre ; mais elle autorisait les administrateurs des domaines à accorder une modération d'amende. Peut-on aujourd'hui poursuivre la condamnation à des amendes de cette nature, et en modérer la quotité?

Oui. La Régie de l'Enregistrement a été substituée à l'ancienne administration des domaines ; elle est par conséquent subrogée aux mêmes droits. La loi du 11 février 1791 n'a abrogé les lois antérieures que pour l'avenir ; elle n'éteint point les contraventions qui leur étaient relatives. Les employés de la Régie doivent donc rapporter procès - verbal des contraventions qu'ils découvrent concernant le contrôle des actes et l'ancien timbre, comme ils le faisaient avant les lois des 19 décembre 1790 et 11 février 1791 , et conclure à la restitution des droits et aux amendes qui étaient établies par les anciens réglemens ; mais comme la réduction de ces dernières étaient autorisée, les régisseurs peuvent en modérer la quotité. La recette des droits de cette nature doit, au surplus, être portée sur le registre du *visa*, en tirant le droit à la marge gauche, afin de le distinguer dans l'arrêté de l'inspecteur sur le registre, et de conserver le rapport qui doit exister entre les différentes quantités de papiers soumises au droit de actuel, et le total de leur produit. Quant à l'amende elle sera portée à la colonne qui y est relative.

(Solution de la Régie , du 25 germinal an 8.)

ART. 434.

MANDATS POUR FRAIS DE JUSTICE.

Les mandats pour frais de justice délivrés aux huissiers sont-ils assujétis au timbre? Le droit de timbre peut-il être passé en taxe?

Une administration centrale de département était dans l'usage de délivrer les mandats dont il s'agit sur papier non timbré ; on lui observa que suivant l'art. 12 du titre 2 de la loi du 13 brumaire an 7, qui assujetit au timbre de dimension les actes administratifs *qui se délivrent aux citoyens*, ces mandats devaient être écrits sur papier timbré, d'autant qu'ils n'étaient point compris dans le titre des exceptions. L'administration centrale reconnut la justice de cette observation, et se conforma à la loi.

Mais les huissiers voulant s'indemniser des droits du timbre en portèrent le montant dans leurs mémoires de frais; et les tribunaux criminels et de police correctionnelle crurent devoir allouer cet article.

Il était évident que cette mesure rendait illusoire la disposition de la loi sur le timbre, puisque d'une part on faisait payer aux huissiers ce qu'ils payaient de l'autre.

Sur les observations qui ont été remises à ce sujet au ministre des finances, il a invité le ministre de la justice à faire cesser ces abus; et le ministre de la justice à faire cesser ces abus; et le ministre de la justice a décidé, le 14 germinal an 8, qu'il ne devait être attribué aucun droit aux officiers ministériels pour rédaction de mémoire de frais et remboursement du papier timbré qui y est employé.

A R T. 435,

A N N O N C E S.

*Les annonces que font les particuliers, de vente
de marchandises, meubles, immeubles, etc.
doivent-elles être sur du papier timbré ?*

Oui sans doute, puisque les lois des 9 vendémiaire an 6 et 6 prairial an 7, assujettissent
au timbre fixe et de dimension, toutes les annonces et affiches (autres que celles d'actes
émanés d'autorité publique.) Ainsi, il n'y a
d'exception que pour celles relatives aux ventes
et locations de biens nationaux, aux adjudications d'effets saisis par les préposés des
douanes, conformément aux circulaires de la
Régie, numéros 1133 et 1161.

(Décision du Ministre, du 28 germinal an 8.)

A R T. 436.

PARTAGE DES BIENS D'ASCENDANS D'ÉMIGRÉS.

*Le papier employé, pour cet objet, par l'admi-
nistration centrale, doit-il être timbré ?*

L'article 18 de la loi du 13 brumaire an 7,
accorde, à la vérité, aux administrations publiques la faculté d'employer d'autre papier
que celui fourni par la Régie ; mais il lui impose la condition de n'en faire usage qu'a-
près l'avoir fait timbrer pour les actes sujets
à la formalité. On ne peut également prétendre
que les actes de cette nature puissent être

exempts du timbre, en raison de la faveur que la loi du 22 frimaire an 7 leur accorde. Ses dispositions ne s'appliquent qu'aux droits d'enregistrement, et ne peuvent être étendues. Non seulement la loi du 13 brumaire an 7 ne contient aucune disposition qui exempte du droit de timbre les partages faits avec les ascendans d'émigrés ; mais encore l'idée de cette exemption est irrésistiblement éloignée par l'article 29. portant : « Le timbre des quit- » tances fournies à la république, ou délivrées » en son nom, est à la charge des particuliers » qui les donnent ou les reçoivent ; il en est de » même pour tous autres actes entre la répu- » blique et les citoyens. » (Solution de la Régie, du 5 nivôse an 8.) Les affiches de partages sont également soumises à la formalité.

A R T. 437.

HYPOTHÈQUES.

L'acte de dépôt chez un notaire par une seule des parties contractantes d'un acte sous signature-privée, transmissible de propriété immobiliaire, établit-il suffisamment la reconnaissance des signatures, pour autoriser la transcription de l'acte sur le registre de la conservation des hypothèques ?

Le ministre de la justice a décidé que les

actes sous signature privée ne pouvaient être
admis à la transcription, si préalablement ils
n'avaient été reconnus soit par un jugement,
soit par un acte notarié. Cependant, dans
plusieurs départemens du Midi, il est d'usage
d'insérer dans les actes sous signature-privée,
transmissibles de propriétés, que l'acte pourra
être déposé chez un notaire par l'une des
parties, sans le consentement de l'autre, et même
sans l'y appeler, et presque toujours l'acquéreur est le seul qui fasse ce dépôt On demande si dans ce cas la signature du vendeur
est reconnue et déclarée telle par l'acte notarié. Nous ne le pensons pas. L'acte de dépôt
chez un notaire, d'un acte sous signature-
privée, transmissible de propriété, ne peut
suppléer à la reconnaissance de signature pa
un jugement qu'exige l'art. 3 de la loi du 11
brumaire an 7, qu'autant que le vendeur et
l'acquéreur interviennent à l'acte de ce dépôt.
S'il en était autrement, il serait possible que
des hommes de mauvaise-foi rédigeassent un
acte translatif d'une propriété immobiliaire,
et non existante, vendue par un individu sup-
posé, pour ensuite, et après avoir obtenu
un certificat de non inscription, se présenter
comme propriétaires de cet immeuble, et

tromper ainsi ceux qui leur prêteraient sous
la garantie de cette hypothèque.

ART. 438.

PATENTES.

*Un meûnier pour le compte d'autrui doit-il le
droit proportionnel sur la valeur locative de
son usine, comme celui qui s'en sert uniquement à faire valoir son commerce de farine?*

Un meûnier du département d'Eure-et-Loir
avait demandé au ministre des finances si sa
décision, portant qu'un marchand de farine
qui a un moulin, en doit le droit *proportionnel*, parce que cette usine sert à faire valoir
son commerce de farine, peut être appliquée
à son moulin qui ne sert qu'à moudre pour
autrui, sans qu'il fasse commerce de farine.

Le ministre a répondu, le 8 ventose an 8,
en ces termes : « Suivant l'article 6 de la loi
,, du 1er. brumaire an 7, toutes les profes-
,, sions comprises aux cinq premières classes
,, du tarif des patentes doivent supporter les
,, droits fixes et proportionnels. Or, les meû-
,, niers étant de la cinquième classe, il est,
,, sans difficulté, que vous devez le droit pro-
,, portionnel de la valeur locative de votre

,, moulin , quoique vous ne fassiez point le
,, commerce de farine. Si vous exérciez ce
,, commerce, il en résulterait que vous de-
,, vriez le droit fixe de troisième classe au lieu
,, de celui de cinquième classe, qui comprend
,, les meûniers ; mais, dans les deux cas , le
,, droit proportionnel est exigible à raison du
,, dixième du loyer du moulin , de l'habitation
,, et de ses dépendances,,.

A R T.   439.

T A B A C S.

Ceux détériorés après la déclaration ne dispensent
pas du paiement de la taxe.

Un fabricant peut-il être déchargé de sa
taxe, pour des tabacs qui se sont détériorés
postérieurement à la déclaration qu'il en a faite,
lorsqu'il offre de les abandonner à la régie des
poudres et salpêtres?

Non. Cette faveur ne peut s'appliquer qu'aux
tabacs qui ont été reconnus défectueux , *au*
moment de la déclaration qui en a été faite, et
elle ne doit pas être étendue à ceux que l'on
prétend s'être détériorés depuis, puisqu'*il est*
impossible d'en constater l'identité.

ART. 440.

SAISIES RÉELLES.

Liquidation de créance sur la république, pour cet objet.

On a demandé par quelle administration doit être liquidée une créance sur l'Etat, pour restitution de sommes versées aux caisses de la Régie, tant par un ancien commissaire aux saisies-réelles, en exécution de la loi du 23 septembre 1793, que par les fermiers judiciaires des biens saisis.

D'après la décision d'un des prédécesseurs du ministre des finances actuel, ces sortes de créances devaient être liquidées *par la trésorerie nationale*, conformément à celle du 24 frimaire an 6 ; mais ce mode de liquidation ne s'appliquait qu'aux consignations et dépôts dont la loi du 23 septembre avait ordonné le versement à *la trésorerie* ou *aux caisses de district.*

Quant aux fonds provenant des saisies-réelles, ils ont été ou dû être versés entre les mains des *préposés de la Régie.* Ainsi, la liquidation des créances de cette nature, antérieures au 1er. vendémiaire an 5, est de sa compétence.

(Décision du ministre des finances, du 28 germinal an 8.)

DOMAINES NATIONAUX.

ART. 441.

DOTATIONS RELIGIEUSES.

On a demandé au ministre des finances, si une religieuse devait être dispensée du paiement d'une rente qu'elle a constituée au profit de sa communauté lors de sa réception dans le monastère. Ce ministre a répondu négativement, attendu que la pension qu'elle reçoit ou doit recevoir de la république, lui tient lieu de sa dot.

(Décision du 21 germinal an 8.)

ART. 442.

Lois et actes du gouvernement, relatifs aux finances.

Une loi du 7 germinal règle la taxe d'entretien des routes, et détermine le mode de résiliation des baux actuels. Elle porte, art. 5, que les baux à ferme des

barrières et les marchés des entrepreneurs des ponts
et chaussées continueront d'être soumis à l'enregistrement, mais ne seront, à l'avenir, assujétis qu'au
droit fixe d'un franc.

— Un arrêté des consuls du 28 germinal, porte qu'il
sera fait par la trésorerie les dispositions nécessaires
pour que le paiement des arrérages de rentes et pensions du premier sémestre de l'an 8, soit ouvert au
1er. messidor prochain.

— Un arrêté du 1er. floréal assimile les bons des
trois-quarts d'arrérages des rentes et pensions sur l'état
aux bons des deux-tiers mobilisés pour la liquidation
de la remise générale des régisseurs et employés à la
régie de l'enregistrement, ainsi que pour celle des
remises particulières des receveurs. Les bons d'arrérages du quart et du tiers desdites rentes et pensions
ne seront estimés en numéraire pour la liquidation
des mêmes remises qu'à raison de dix pour cent de
leur valeur nominale, ainsi qu'il est réglé pour le
tiers consolidé.

Nota. Ce n°. complette le 3e. volume ; on enverra
incessamment la table qui doit le terminer.

A V I S.

LE septième volume des circulaires est imprimé. Il comprend toutes les circulaires de la Régie, depuis le 1er. vendémiaire dernier, n°. 1661, jusqu'au 16 germinal, n°. 1800.

Il se vend 4 francs, pris à Paris, et 5 francs 50 centimes par la poste, DIRECTEMENT.

Nous prions ceux qui desirent se le procurer de s'adresser au Bureau des Instructions Décadaires, qui est toujours rue Projettée-Choiseul, n°. 1er., où ils trouveront aussi les ouvrages suivans, émis par la société, savoir :

PRIX.

	A Paris.	Au chef lieu du dep.	direct. par la poste.
1°. Le Dictionnaire sur l'enregistrement, contenant la dénomination précise des actes et des principes de droit, ci	6 f.	6 f.	8 f.
2°. Les dipositions de la Loi sur le droit de Patente, par ordre alphabétique ; droits de messagerie et de garantie des ouvrages d'or et d'argent. .	1 80	1 80	2 30
3°. Recueil alphabétique et raisonné des lois sur le timbre des actes ; et celui des cartes à jouer, affiches et papier-musique, suivi d'une instruction sur la manutention du timbre .	1 80	1 80	2 30
4°. Analyse des lois anciennes et modernes sur les domaines engagés et instruction pour l'exécution de celle du 14 nivôse an 7, avec le texte de toutes les lois relatives aux domaines engagés.	2 50	2 50	3
5°. Le sixième volume des circulaires de la Régie, depuis et compris le n. 1457 (2 nivôse an 7), jusques et compris le n. 1660 (4e. jour complémentaire an 7), suivi d'une table alphabétique.	4	"	6

	PRIX.		
	A Paris.	Au chef lieu du dép.	direct. par la poste
6°. Le septième volume des mêmes circulaires, depuis le n. 1661, jusques et compris le n. 1800 (16 germinal an 8), également suivi d'une table alphabétique.	4 f.	»	5 f. 50
7°. Les tables chronologique et alphabétique des circulaires, depuis le n. 1710 jusqu'au n. 1779, servant de mémoire d'ordre du trimestre de nivôse an 8. (1)	»	»	» 60
8°. La collection des trente-six premiers numéros des Instructions Décadaires, en deux volumes, avec une table alphabétique à la suite de chacun.	12	»	14

Pour les abonnés aux Instructions Décadaires.

1°. Dictionnaire de l'enregistrement.	3	3	5
2°. Patentes, messageries et droits de garantie. . . .	1 50	1 50	2
3°. Timbre, etc. . . .	1 50	1 50	2
4°. Domaines engagés, etc. .	2	2	2 50
5°. Les trente-six premiers numéros des Instructions Décadaires. . .	8	8	10

Le prix des autres ouvrages est le même que ci-dessus.

On trouve aussi au même bureau, Essai sur l'Art de la Verrerie, par le citoyen Loysel, régisseur de l'enregistrement. 1 vol. caractère cicéro, avec planches. . . . `5` `"` `6`

Quelques Idées sur les Finances, par le citoyen Viot, régisseur de l'enregistrement, 1 volume, même caractère. . . . . . `2` `»` `2 75`

(1) On imprime en ce moment la suite de la table, envoyée par la Régie, depuis le n. 1251 jusqu'au n. 1720 ; de manière que les Mémoires de tournées en présenteront constamment la continuation, et la maintiendront au courant.

Aussitôt que l'impression sera terminée, il en sera fait une annonce particulière.

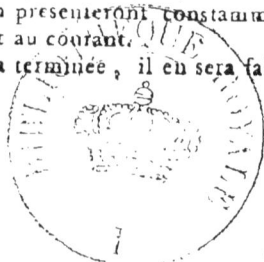

TABLE

ALPHABÉTIQUE

ET

RAISONNÉE,

Des objets traités dans les Instructions Décadaires sur l'Enregistrement, Droits y réunis et domaines nationaux :

RÉDIGÉES

Par une Société d'Employés de la Régie de l'Enregistrement et du Domaine national.

N°. 37 à 54.

3e. *VOLUME.*

Du 1er. Frimaire au 21 Floréal an 8.

A.

ACTES. Ceux faits à la requête des commissaires du gouvernement, sont timbrés et enregistrés en débet, mode de remboursement,   page 21
— Ceux contenant plusieurs dispositions, donnent ouverture à des droits distincts sur toutes les dispositions qui ne dérivent pas nécessairement l'une de l'autre,   99
ACTES concernant la dette publique. Distinction de ceux qui sont sujets au timbre et à l'enregistrement, d'avec ceux qui en sont exempts,   56
— Ceux sous signature privée, qui tendent uniquement à la liquidation, sont exempts du timbre et de l'enregistrement,   110

A

(4)

B.

C.

B

E.

F.

G.

H.

I.

J.

C

V.

FIN DE LA TABLE.

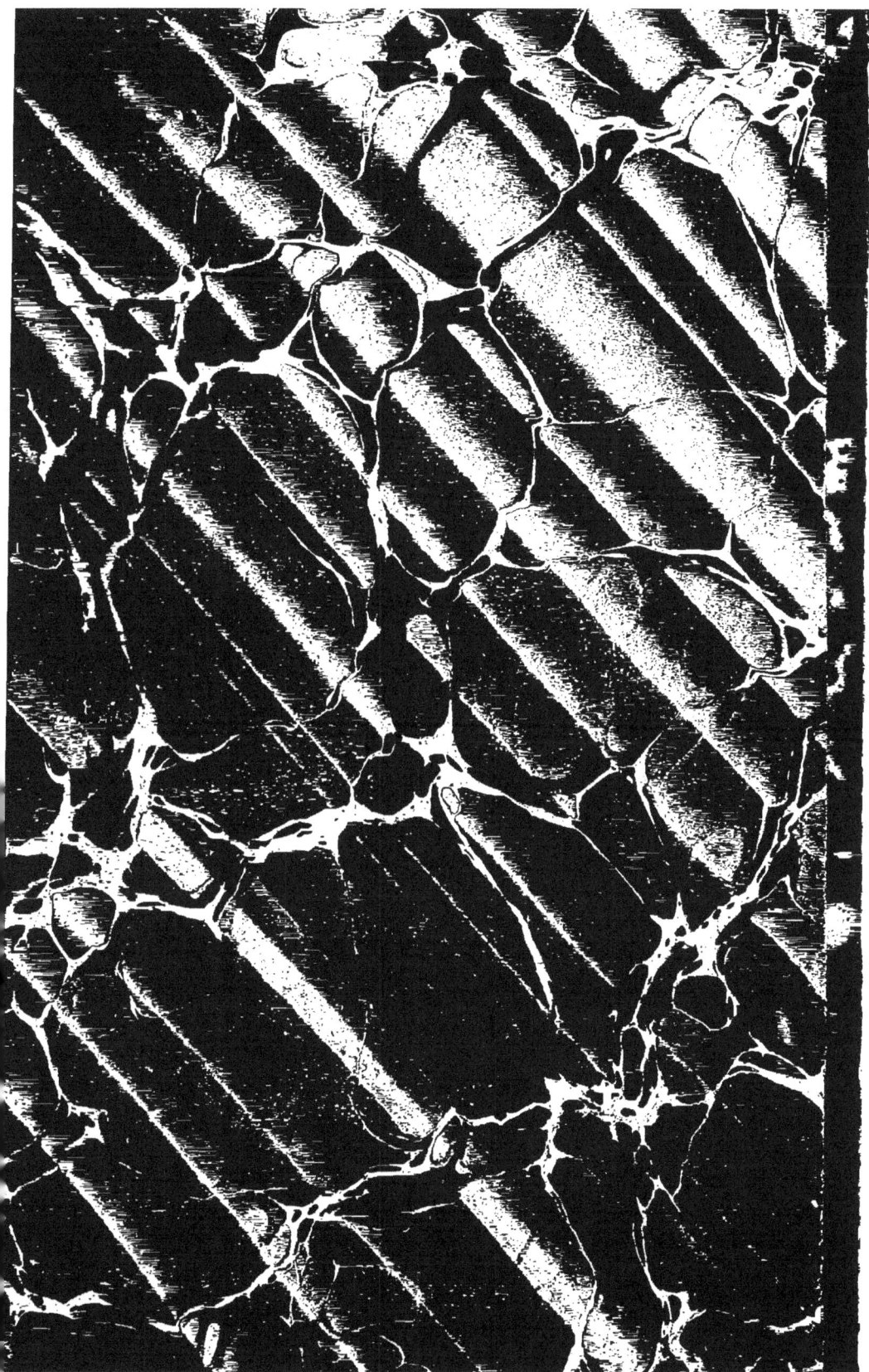

www.ingramcontent.com/pod-product-compliance
Lightning Source LLC
Chambersburg PA
CBHW060414200326
41518CB00009B/1352